企業は社会の公器

【著】藤猪正敏

The essence of
Global Risk
Management

グローバル・リスクマネジメントの本質

ステークホルダーとの「3つの約束」がビジネスを支える

第一法規

まえがき

　筆者は、松下電器産業株式会社（現パナソニック株式会社。「松下電器」）に長く勤務しておりました。松下電器は、創業者松下幸之助氏の経営観に基づき、企業を「社会の公器」であると捉え、企業経営を「公事」とみなし、経営のあり方の是非を、社会との関係において判断し続けた企業です。

　松下電器勤務の最後期に当たる1998年から定年（2007年）迄の約9年間、筆者は松下電器の一グループ会社の法務責任者で、その時期、当該グループ会社全社のグローバル・リスクマネジメント（Global Risk Management、「GRM」）の構想づくりとその運用に深く関わりました。

　1990年代半ばから21世紀初頭、日本の金融界や産業界（「産業界等」）の大半が、バブル経済終了後の後遺症に悩んでいました。米国発の、所謂"グローバル経営"が世界中に広がり、本格化しようとしていた時期に当たります。海外では、衝撃的な、"エンロン事件"や"ワールドコム事件"等が連続して起こり、我が国でも、粉飾決算等の不正・不祥事が著名な大企業において生じ、倒産に至った企業もありました。金融業界では日本政府主導のもとで"リストラクチャリング"が実施されました。また、会計不祥事の再発防止を目的とする"インターナル・コントロール（内部統制）"という米国型の内部統制ルールの導入が産業界等で流行となりました。この内部管理手法は、"日本的経営"に馴染まないという理由で、官界、学界、業界等で活発な議論を呼び起こしましたが、上場企業では、然るべく内部管理の方法として適切に採り入れられたように思います。

　GRMは、上記のインターナル・コントロールが流行するほぼ5年ばかり前に構想された実務密着型のグローバルなリスクマネジメントの考え方であり手法でした。考え方は、論理的に構想されたものというよりも、松下電器の経営観と行動基準を念頭におきながら、法務、契約、コンプライアンス、リスクマネジメント等々の分野での実務体験に由来するものです。

　企業が「社会の公器」であるということは、企業が絶えず社会との良好な

i

関係を維持・発展させながら、社会と調和し、社会と共に成長を図る組織であるということです。そのためには、企業の経営は正しいものでなくてはなりません。「正しい経営」を行うのは、企業の社会的責任であると筆者は考えています。GRMの目的は、「社会の公器」である企業が行う経営の「正しさ」を維持し続けることです。GRMは、グローバルに展開された事業活動に含まれるリスクを発見し、発見されたリスクをベストな形で解決することを目指した全社的な活動でしたが、就中、海外に展開された事業のリスクの発見とその経営管理（マネジメント）にはとりわけ苦労しました。

　GRMの活動は、基本的に、事業場の自主責任に基づき実施されますが、本部に所属する各スタッフ（職能）（本文は、職能（スタッフ））部門は、事業場によるGRM活動の基本的な枠組みを設定し、事業場が行うGRM活動のモニタリング（チェック活動）を主導し、事業場によるGRM活動を積極的にサポートする役割を果たします。

　事業リスクの発見、並びに発見されたリスクのマネジメントを行う上で基礎となったのは「3つの約束」です。

　「3つの約束」とは、㋑法令等の「社会規範」、㋺行動基準や社内規程等の「社内規範」、㋩顧客やパートナー等と締結する「第三者との契約」を意味しています。事業推進の過程で生じ得る各種各様の事業リスクは、「3つの約束」のいずれかのカテゴリー（分野）に含まれるリスクのはずです。

　例えば、顧客と結んだある種の取引契約に含まれる特定の約定が、「社会規範」の中の特定の法令に違反する約束ではないかどうか、また、海外で調達したある種の原材料等の物品は、特定国の環境法によれば違法とされる物質を含んでいるのではないか、あるいは、その物品は違法な若年労働を通じて生産されたものではないか等のリスクが挙げられます。

　更に、ある国の政府当局から所要の事業の許認可を取得するために、その国や地域で慣習化している金品や便宜の提供が、実は、当該国の贈収賄禁止法令に違反する行為ではないのかというリスクもあります。贈収賄のリスクは、関連法令違反であると同時に、企業の社内規程や行動基準違反であるかもしれません。以上の事例のように、「3つの約束」は、事業リスク発見の

ツールとなり、その当否を判断する場合の基準となるものなのです。

　本書では、GRMの考え方を紹介するだけでなく、社内関係者の間でどのようなやり取りをしながら、GRMが構想され、機関決定され、事業現場の責任者と担当者に周知されていったのか、そうした流れを読者の方々に実感していただけるよう、第2章と第3章の2つの章に、"仮想企業"「TF株式会社」（親会社）と「TFデバイス株式会社」（子会社でデバイス事業担当、略称は「TFD」）を登場させています。

　TFDが構築したGRM体制は国内外のTFD事業場のすべてをカバーするGRM推進のための"協働"システムです。組織がシステムとして健全に機能するよう、組織の生存と成長に"必須な要素"として、「3つの基本的要素」を設けました。「3つの基本的要素」のアイデアは、学生時代に学んだ米国近代組織論の大家であり経営者でもあったチェスター・アーヴィング・バーナードの考え方を参考とするものです。「3つの基本的要素」のうち、いずれか一つでも有効に機能しなくなったとき、組織は組織ではなくなり、統制や統治が不全になり、終には破綻すると筆者は考えています。近年頻発している企業不祥事は、「3つの基本的要素」が本来の機能を果たさなくなったためではないでしょうか。TFDは、「3つの基本的要素」を拠り所として、GRM体制が有効に機能しているかどうかに注意を払っています。

　グローバルな経営環境の進化の一つとして、近年筆者が注目しているのは「環境」、「社会」、「ガバナンス」をあらわす英単語の頭文字を取ったESG投資の考え方です。ESG投資とは、投資決定において、財務情報だけを重視するのでなく、"E・S・G"の3つの分野に含まれ企業経営関連情報も考慮に入れる手法だと理解しています。ある時期まではあまり注目されてはいなかったESG投資ですが、特に昨今、機関投資家の理解が大きく変わり、今では、企業の持続的な成長のためには、ESGが示す3つの観点を考慮した成長戦略が不可欠とする考えが、世界的に広まっているといわれています。

　筆者が知る限りではありますが、産業界等では、かなり前から、「（コーポ

レート）サステナビリティ」（企業の持続可能性）という概念が普及していました。社会全体の進歩発展や環境保全を反映した経営戦略は、企業の価値向上に貢献するという考え方です。この考え方は、ESG投資のそれと類似しています。21世紀の残り80年は、90年代に顕著になった米国流“グローバル経営”の根底にあった“株主最優先時代”が変更され、企業は、「ESG投資」や「サステナビリティ」が示す「社会」や「環境」に強く配慮するようになります。同時に、関係するすべてのステークホルダーの利益を追求しなければならない80年になると予想しています。この意味は、企業は、短期決戦的な業績評価主義は放棄されないとしても、より長期的な視野で経営を考えるようにならざるを得ません。つまり、企業のミッションは、株主最優先の利益追求ではなく、「環境」「社会」「（コーポレート）ガバナンス」のための利益追求が求められるようになるということです。企業は、社会と共に生き、社会と共に繁栄する存在（すなわち、社会の公器としての存在）へと進化するであろうと思います。

「企業は社会の公器」であるとの基本認識のもと、「3つに約束」を軸足として展開されるTFDのGRMは、「ESG投資」や「（コーポレート）サステナビリティ」の本旨の実現を図るための必要条件でもあると筆者は考えています。「3つの約束」の中の「社内規範」には「行動基準」が含まれています。行動基準は、事業活動を幅広く規律するものです。規律には、通常、事業に関わる法令・規則や各種のガイドラインの遵守のみならず、企業・職業倫理や商慣行等の適切な遵守が含まれています。行動基準は、「ESG」や、「（コーポレート）サステナビリティ」が目指しているものを、企業の日常経営における実践の指針として、具体的にわかりやすく表現したものです。

昨今、再び、日本企業による法令違反行為や各種の不正・不祥事が、国の内外で生じており、新聞、雑誌等マスコミでも頻繁に報道されています。企業が成長と発展を目指す限り、事業に関わるリスクがさまざまな形で生じるのは避けられません。事業経営とリスクはコインの裏と表であり、不可分だからです。

リスクは複雑で変幻自在の"生き物"です。しかし、経営や事業に連動する形で、また、本書で述べる「3つの約束」「3つの基本的要素」「3つの毒の排除」の観点から、GRMを真剣に行えば、リスクの発生を予見したり、あるいは発生したリスクを、企業が"受け入れ可能な状態"で解決することは十分可能だと判断します。

　益々激しく変化していくグローバルな経営環境の中で、成長と発展が期待される企業だからこそ、常に、事業のマネジメント同様、リスクのマネジメントを実践することが、健全で正しい経営を維持するために不可欠だと考えます。

2020年5月

藤猪　正敏

目次

第1章　グローバル社会における正しい企業経営
　　　　〜グローバル・リスクマネジメントへの道〜

第2章　「正しい経営」を支えるグローバル・リスクマネジメント

第3章 グローバル・リスクマネジメントの進化と「正しい経営」の更なる確保を目指して

図表

第 1 章

グローバル社会における
正しい企業経営
〜グローバル・リスク
マネジメントへの道〜

第1節 「社会の公器」としての企業と「正しい経営」

　本書の目的は、現代のグローバルな経営環境において、企業が自社の経営力の範囲で社会から受け入れられる正しい経営（right and proper management）を行おうとすれば、どのような役割を担う制度や仕組みを社内に設け、それを機能させねばならないのか。その解の一つを、筆者の実践体験を参考にしながら読者の方々に示すことである（注1-1）。

　正しい経営とはどのような経営を意味するのか。本書では、正しい経営を、①関連する法令等が定める内部統制上の要求を合理的なレベルで充たしており、かつ、②「社会から受け入れられている状態の経営」と定義する。社会に受け入れられる状態でなければならないのは、企業が社会の公器（public and social institution）であるために他ならない（注1-2）。

　企業は社会の公器であると明言している企業がどれ位あるのか、筆者は承知しない。しかし、その代表格として、旧松下電器産業株式会社（現パナソニック株式会社。「松下電器」）とオムロン株式会社を挙げることができよう。松下電器の創業者　松下幸之助（「松下幸之助氏」）は、多くの著書の中で、「企業は社会の公器である」と繰り返し発言している。後者は、2006年5月の創業記念日に、社会が企業に求める価値の変化や事業のグローバル展開に対応する新しい企業理念を制定し、その中で、オムロングループの存在

注1-1：本書が紹介する企業のグローバル・リスクマネジメントのあり方は、その基本の考え方において、どのような企業においても適用可能なものであると考えている。参考となる事例を、より分かりやすく説明するため、第2章及び第3章において仮想企業を登場させている。

注1-2：松下幸之助氏は、「正しい経営という言葉には非常に曖昧なものがありますが、この正しい経営という言葉を使ったのは、会社の実力というものを、私は常に判定しなければならないと思うからであります。これは、会社が今もっておるところの総合実力というものにふさわしい経営ということだと思うんです。それが適正経営である。その実力に過ぎた経営というものは、必ず弱体化すると思います。」と発言している（『経営の神髄』（PHP総合研究所編、「自己の実力に見合った適正経営を」から）。

意義を示す基本理念を「企業は社会の公器である」と定めている。この2社のように、社会に向かってはっきりと明言してはいなくても、企業は社会の進歩発展に何らかの貢献を果たすべきであり、人々の生活の向上や幸福感を醸成する財やサービスの提供を行い続けなければならないと考えている経営者は多いのではなかろうか。また、そうした思いを抱くと同時に、その思いを実現するためにも、企業はその効率性の向上を常に図り、収益性を高めていかねばならないと考えているはずである。

　ある時期、企業にとっては収益（利益）が先か、あるいは社会への貢献が先かという2者択一の議論が、活発に交わされたように記憶する。市場経済社会において、利益を上げることができない企業は、その生存も成長もあり得ない。また、利益ゼロの企業やマイナスの企業（すなわち、赤字）等が多くなれば、国家や社会の繁栄、さらには人々の豊かさや幸福といったものは損なわれ、また、失業者等も増えることになり、社会的にも好ましくない状況を引き起こしてしまうのは明らかであろう。世界に目をやれば、そうした国や地域は、現代でも決して少ないとはいえない。こうしたことを考えると、企業は、社会の中で誕生するが、誕生後の企業とそれを産み出した社会は、互いに影響を与え合う関係、世間でいう持ちつ持たれつの関係となる。

　持ちつ持たれつの関係とは、共存共栄（co-existence and mutual prosperity）の関係であり、今でいうWIN-WINの関係ということである（図表1-①）。企業と社会の間にある相依の関係が崩れたとき、そうした共存共栄の関係も破綻する。企業による社会への貢献が著しく低下すれば、そのことを以って収益性は、当然に悪化する。悪化の状態が長期に亘り続くとき、企業は社会（市場）からの撤退や消滅を強いられることになるかもしれない。社会に大きな貢献を果たしている巨大な企業グループが破綻するようなことになれば、そこに住む人々の解雇や賃金の減少等を引き起こし地域社会全体に大きな問題なり不幸を惹起するようなことになる。こうしたことを考えれば、企業は、いかなる環境においても、自らの生存、さらには成長と発展を持続していかねばならない社会の公器としての存在、換言すれば、公（おおやけ）の存在なのである。また、企業が、成長と発展を継続させてい

こうとすれば、その方法が、自社単独であれ、他との協働を通じてであれ、常に、社会に受け入れられる正しい経営のあり方を通じて、国際競争力等を含む総合的な経営力を向上させながら、利益を確保し続けなければならないのである。

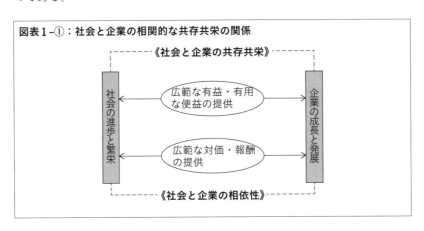

図表1-①：社会と企業の相関的な共存共栄の関係

《社会と企業の共存共栄》

社会の進歩と繁栄 ← 広範な有益・有用な便益の提供 → 企業の成長と発展

社会の進歩と繁栄 ← 広範な対価・報酬の提供 → 企業の成長と発展

《社会と企業の相依性》

　企業が公器的な組織であるためには、企業が提供する財やサービスが、社会の進歩発展や社会生活の向上に有用であり有益なもの、すなわち、公益に資するものでなければならない。これが、社会の公器としての企業が果たすべき社会への貢献の意味であると筆者は考える。公益を提供し続ける過程で、通常、企業は正当で正しい利益を確保することになる。前記の如く、利益なき企業は、国の繁栄、社会の繁栄、企業自身の繁栄、そこで働く人間の生活の向上、さらに多くのステークホルダーの利益に貢献することは不可能である。赤字経営は、企業自体の成長をも難しくする。つまり、正しい経営というのは、企業自身の持続的な拡大再生産を可能とし、かつ、共存の関係にある社会全体の繁栄に必要な利益の獲得を可能とする経営のあり方なのである（注1-3）。

　企業は社会の公器として、社会に貢献し続けるという責務を担っている一方、社会から広範で多様な価値ある便益を与えられている組織でもある。資

注1-3：本書の中で利益を上げなければならない企業として、民間の私企業を想定している。

金、設備や資材、電力・ガス・水力等のエネルギー、そして人材など企業の成長と発展のために欠くことのできない経営資源を常時提供されている。この経営資源を最適な状態で有効活用し、その企業固有の価値を付加した財やサービスを社会に還元する。そうした企業の貢献活動に対する対価であり報酬が利益である。企業と社会は、誘因と貢献の提供を相互に行いながら、相互の繁栄を実現しようとしていると前述したが、そうした誘因と貢献の間に位置しているのが報酬としての利益である。また、利益は、企業による社会への貢献度合いを測定する尺度であり物差しでもある。貢献の度合いが大きければ大きい程、利益の額や率も、一般的に大きなものとなるはずである。

　繰り返しになるが、企業による社会への貢献は、各企業独自の正しい経営を通じて実現されねばならない。合法的かつ社会から受け入れられる態様の実現でなければならない。社会に受け入れられない態様、すなわち、不適正と思われる態様で経営がなされた場合、その事実の発覚とともに、その企業の社会貢献自体が問題視され、糾弾その他さまざまに制裁を受けることになる。貢献のあり方に違法性がある場合には法的制裁の対象となり得る。法的制裁には、刑罰、行政罰、さらには訴訟等を通じた民事罰があり、さらに新聞、テレビをはじめとするマスコミを通じた社会的な制裁を受けることになる。

　何をもって不適正と判断されるかは、時代とともに変化している。しかし、不適正を引き起こす主な原因となっているのは以下の如く3つに分類される約束である。

①　社会規範
②　社内規範
③　第三者と締結した契約

　①②③の3つを本書では「3つの約束（three promises）」と総称する。本第1章第3節、並びに第2章と第3章において、企業の正しい経営をささえるためグローバル・リスクマネジメントを説明する際、この3つの約束について紹介している。

　何故、企業の経営は正しいものでなければならないのか。既に述べたよう

に、企業が社会の公器だからという一点に尽きると筆者は考えている。企業が社会から産み出された存在であるという事実に拠って、社会と企業とは別に切り離されて存在してはいない。さらに、企業と社会は対立する存在ではなく、一体のものである。企業が社会の公器であると認識することができれば、その経営のあり方は、正しいものでなくてはならないという結論にいたるのではなかろうか。

　企業は、さまざまな契約を通じて、「社会から多種多様な価値ある便益」（「経営的資源」）を提供されている。この提供があればこそ、企業は自身の成長と発展が期待できるのである。この状況は、一面、企業（という名の子）が社会（という名の親）によって保護されている状態であると理解することができる。社会（親）に保護されているという事実ゆえに、企業（子）は社会（親）が目的的に定めたさまざまな法的な規律と、必ずしも目的であるとは言い難い、商慣行や商道徳として長期にわたり徐々につくり出されてきた通念を、ミックスさせながら、それら２つを守るべきルールの一環として守るべきなのである。しかしながら、守るべきものが守れないという状況は我が国にもあり、グローバルにはさらに多く頻発している。その場合、企業（子）は、親（社会）が定めた規範の制裁を受けることになるが、この現象も、当然のことであると理解している。先に、社会と企業は共存共栄の関係といったが、その共存共栄の精神は、人の親子の関係のように感情が働く甘やかしの関係ではあり得ない。

第2節	「正しい経営」を支える 「グローバル・リスクマネジメント」（注1-4）

　経営の正しさを担保するための手法は数多くあるはずである。現存する企業の大半は、そうした手法のいずれかを独自に開発し、それを本業の経営のあり方に適切に組み込むことによって、日々の事業を、正しい姿で推進していると推量する。

　しかし、大きなリスクが顕在化しないからといって、その「経営のあり方には問題なし」ということにはならないであろう。どの企業も、大きなトラブルが表面に現れていないからといって、経営の正しさに問題がないとはいえない。企業は複雑な生き物である。個々の人間同様、これこれの項目の数値や比率がこれ以上であるとか以下であるとかによって、この企業の経営は健全であるとかそうでないとかは、単純には断言し難い。つい先日まで元気に見えた人が、ある朝突然に病魔に襲われることがあるように、ある時代のある事業年度に超優良企業としてベンチマークの対象とされた企業が、その後2、3年を経ずして倒産しているといったようなことが起こりうる。1990年代に起きたエンロン事件やワールドコム事件（注1-5）等は、筆者にとってその代表的な驚きの事例である。

　人間の病（やまい）もそうした場合が多いが、企業の病は、突然発病するように見えても、果たしてその病気は本当に、ある朝突然に起こったものであるのかどうか。恐らく、突発的な事故である場合を除き、ある朝突然にと思われる症状であっても、やはり、予兆めいた兆しはあり、事件に至るまで

注1-4：本書で言及のリスクのマネジメントというマネジメントの意味は、管理ではなく経営である。質問事項に、○×△を書き込んだり、予め解があるものを当てるというものではない。リスクマネジメントに参加する社員は全員、発見されたリスクを経営的かつ多角的・創造的に観察し、考え、評価し、選択しなければならない。そうでなければ、リスクマネジメント自体が大きなリスクに陥ってしまう可能性がある。絶えず、そのときどきの環境から適否を判断することが必要となる。つまり、経営なのである。

の原因は確実に存在すると考えなければならない。存在してはいるが、何らかの理由によって、企業の経営者（本人）には自覚できていないだけではないか。少なくとも、経営者は、そのように冷静に素直に思索思案し、顕在化したトラブルを解決し、再発の防止に備えなければならない（注1-6）。一般的にではあるが、企業による不正事件の原因調査報告書の中で見られるのは、「何故、こうなる迄不正が発見できなかったのか。その理由は、組織ぐるみであったからなのか、あるいは、それ以外の原因があったからなのか云々」といった文章である。この文章に続くのは、「組織ぐるみと判断される」か「組織ぐるみを証明するものは見当たらなかった」か、あるいは、「組織ぐるみではなかった」かのいずれかのようである。調査の結論が、それらの内のどれに当たるにしても、再発防止を社会に対し約束した当該企業が、はじめての不正発見の後比較的短期間のうちに、同一又は類似の原因に拠る不正を繰り返したケースが報道されている（注1-7）。

　不正が繰り返される真の原因がどのようなものであり、何処に潜んでいたのかはさて置き、著名な大企業がマスコミを騒がせるような不祥事を起こした。その後数年以内に同じような事件を生じさせる。こうした場合、当該企

注1-5：1985年にエネルギー会社として設立されたEnron Corporation（エンロン社）は、エネルギー業界の規制緩和の中、ブロードバンドビジネスやデリバティヴ取引も手がける多角的大企業に急成長した。しかし、2001年10月、同社の簿外債務の隠蔽を始めとする不正が明るみにでて、同社の株価は急落。エンロン社は2001年12月に破綻。2001年末に、破産宣告を出し倒産した。さらに、エンロンに続いてさまざまな企業の不正会計が次々と明るみに出たことで、一企業の倒産にとどまらない大事件に発展。これを契機に、米国企業全てのコーポレート・ガバナンスの内実が問われることになった。2002年、企業の不祥事に対する厳しい罰則を盛り込んだサーベンスオックスレー法（「SOX法」）が制定された。この数カ月後、大手電気通信事業者であったワールドコム（WorldCom Inc.）は、2002年7月、ニューヨークの連邦裁判所に対して、連邦破産法の適用を申請。負債総額は410億ドル。2008年に経営破綻した投資銀行、リーマンブラザーズ以前の米国史上最大の経営破綻であった。

注1-6：「人間というものは往々にしてうまくいかない原因を究明し反省するよりも、『こういう状況だったからうまくいかないのだ。あんな思いがけないことが起こって、それで失敗したのだ』というように弁解し、自分を納得させてしまう。原因は自分が招いたことである、という思いに徹してこそ、失敗の経験も生かされるのではないだろうか。」（松下幸之助著『松下幸之助　一日一話』（PHP研究所刊）より）

業のガバナンスはどうなっているのかが問われることが多い。ガバナンスとは、企業に関して用いられる場合には、社内各階層の職位に与えられている職務権限の行使による統制や統治のあり方を意味することがある（注1-8）。最初の不正が惹起した後の社内の不正再発予防策の策定の過程で、社内のコミュニケーション・ルートを通じて、関係する組織や組織責任者及び担当者に対し、再発防止の指示・命令がいち早く通知されたはずである。にもかかわらず、長い日時を経ずして再発したということは、コミュニケートされたはずの内容が、コミュニケートされた受け手側に伝わらなかったのか、あるいは、伝わったけれども、指示の内容を誤解したのか、あるいは、内容は理解できたが、意図的に無視したかのいずれかであったということを意味する。

　結果的に、かなりの経営資源を費やして準備された再発防止策は、期待通りには作用しなかったということである。当該企業にとってコミュニケーションはどのような機能状態にあるのであろうか。社内のコミュニケーション、とりわけ、上意下達のコミュニケーションが本来の大きな役割である指示・命令・要請といった機能を果たさないというのは、企業の健全な状態を維持する上では致命的であると筆者は考える。第2章、第3章で紹介する仮想企業のグローバル・リスクマネジメント体制の構築やその後の運営に際して最も重要視した要素の一つはコミュニケーションである。現役時代、実際に関わったグローバル・リスクマネジメント活動においても、活動の主体となった国内外の各事業場で設置されたリスクマネジメント組織間のコミュニケーションには細心の注意を払い続けてきた。何故なら、企業という人間の

注1-7：総合重工業メーカーの某社による航空エンジン整備が検査ルールを逸脱していた問題、某自動車メーカーにおける出荷前自動車検査の問題、同じく某自動車メーカーの完成品検査の不正問題等は、組織内及び組織間のコミュニケーション（意思疎通）が、本来のあるべき姿と形において正しくなされていない状況を示唆してくれる。組織の3つの基本的要素の一つであるコミュニケーションの脆弱さは、組織全体を機能不全に陥らせる可能性があるといえよう。

注1-8：この場合、ガバナンスという用語は、内部統制・内部管理とほぼ同じ意味で使用されている。

集団（「企業」）は、通常、その組織の中に、多様な業務の一つひとつを担当する事業部門や職能部門（「業務部門等」）を設ける。各業務部門等は、それぞれが担当する業務を遂行する過程で、企業全体の利益ではなく、部門益を追求することが知られている。業務部門等で働く社員は、企業に採用されたにもかかわらず、業務部門等で働く過程で、業務部門等の論理と業務部門等に対する帰属意識や集団意識が強くなり、業務部門等の利益（「部門益」）の確保や保全を優先しようとする傾向が生じてくるとされる。いかなる企業であっても全社的に遵守しなければならない事項を経営者が社内全域に通達したとしても、企業の中の特定の部署・部門が当該通達の内容を全て、あるいは部分的に無視し、従来から引き継がれている特定の部門益を優先しようとする状況が存在する。こうした場合、経営者によるコミュニケーションは、本来の意味での組織のコミュニケーションではなくなる。

　組織のコミュニケーションというのは、受け手がその内容を趣旨に沿って理解し受容し行動してはじめて完了すると考える必要がある、と筆者は考える。このようなコミュニケーション認識は、特定の部署なり部門内のコミュニケーションにも当てはまる。当該部門の責任者が、与えられた権限に基づく通達を部内に通達（コミュニケーション）したにもかかわらず、部傘下の特定の課組織がそれに従わないという場合、その通達は有効とはならないはずである。

　企業は、創業時代、創業者を筆頭に社員を含め数十名程度の所帯であり、創業者から社員への上意下達のコミュニケーションも、その逆のコミュニケーションも、社員同士のコミュニケーションもスムーズであり、コミュニケートされる内容の誤解も基本的にはなかったか、仮にあったとしても、その訂正は比較的に容易だったのではなかろうか。

　しかし、何十年かの後、その企業が社員数万人の規模となり、しかも、日本国内だけではなく、海外に子会社や関係会社を抱えるようになれば、果たしてコミュニケーションはどのような頻度と規模に膨れ上がっているのであろうか。

　今日では、IT技術を駆使したコミュニケーションとなっており、映像も

効果的に使用されているため、ある意味、コミュニケーションには、心配するほどのリスクは存在しないはずとの意見もあるように思う。

しかし、先程の不正、不祥事の再発のことや、ある不正が同業他社の間で連続して起こるという事態は、企業内のコミュニケーションが、先端技術であるITを駆使してもリスクは、それなりに増え続けているという証である。換言すれば、昔も今も、企業という組織においては、コミュニケーションが重大なリスク要素であるということになる。ある種、ピラミッド型組織の典型である企業の経営は、コミュニケーションのネットワークの上に成り立っている。

ネットワークの機能不全は、正しい経営の破綻を意味している。一般的に、経営資源として取り上げられる「人」「モノ」「カネ」は、そのいずれも極めて重要ではあるが、グローバルに広がる企業社会を、その目的を果たすために組織化しシステムとして効率的に動かすには、コミュニケーションの健全性が確保できていなければならないと筆者は認識している。

企業経営、企業活動のどれを実際に行うにも、コミュニケーションを媒体にしなければならず、そのあり方に創意工夫が不可欠である。コミュニケーションは、単に伝達というのではなく、「人」を中心とする価値ある経営資源を正しく用いるための戦略的なリスク要素でもある（注1-9）（注1-10）。

コミュニケーションの機能不全は、状況によっては、企業の生死にかかわる大きなリスクになるはずである。不正や不祥事を起こした企業の記者会見等はそのことを示している。コミュニケーションの不具合というのは、人間

注1-9：現代のグローバル社会においては、企業内、企業間において生じるあらゆる種類のリスク（あるいは、クライシス）も、さらには、その他の組織間のトラブルも、コミュニケーションのあり方に起因してのものが多発しているのではなかろうか。日常生活におけるトラブルも同様である。会話がない、対話が不足している等、その理由は各種さまざまであろうが、何らかの意味におけるコミュニケーションに関わることが多いように思われる。コミュニケーションによって運ばれるものは、具体的には言葉であるが、言葉の背景となっているお互いの心情や感情、隠された意志のようなものでもある。そのことに関してのリスクマネジメントも必要なのであろう。

の神経系統が機能不全と化したような問題である。もちろん、神経系統に属するコミュニケーション機能が正常に働かない原因は、コミュニケーション自体にある場合だけではなく、本来、企業組織自体にあると考えなければならない。すなわち、組織のガバナンスという内部統制が脆弱で本来の役割を果たすことができない状況にあるということであり、企業組織を統合・統括している責任者が抱えるリスクでもあろう。

注1-10：松下電器の前身である松下電気器具制作所は、1918年の創立である。創立後の約15年の間に、現在の経営の基本である、経営理念や経営基本方針がほぼ確立したと言われている。1933年、後に有名となった朝・夕会がスタート。その頃から、松下氏は自身の事業への思いを社員全員と共有して、さらに事業を力強くしたい、そのための人材を育成したいとの思いから、本社での朝会で毎日話をしたといわれている。その当時の話の内容は、『一日一話』（PHP文庫）として出版されている。さまざまな形でのコミュニケーションが、さまざまな目的でなされているが、経営者の経営に対する熱意と熱気が強く感じられるように思う。

	「正しい経営」を支える
第3節	「グローバル・リスクマネジメント」
	～経営は「3つの約束」で繋がっている～

　企業は社会の公器であるため、常に、社会に受け入れられる正しい経営を実践しなければならない。企業の2つの責務の内の一つである利益も、正しい経営を通じて得るものでなければならない。

　では、どのような手法を通じて、企業は正しい経営を実現できるのであろうか。恐らく、多くの手立てがあるに違いないと推測する。筆者は、前職に勤務の折、当時出向していたグループ企業において、グローバル・リスクマネジメント（「GRM」）の企画とその実践に関わった。実践を担当した組織はGRM体制である。GRMの企画とGRM体制の運営の時期は、筆者現役生活最後の10年に当たっていた。それまでの国内外における企業法務体験を踏まえ、また、職能部門（注1-11）との協働と協力を得て、GRM体制のあり方が検討された。GRM体制は、構想自体の完成度を求めるというのではなく、基本の設計図ができあがれば、それに基づいてとにかく実際に動かしてみる。動かしながら、変更すべきは変更していく方が実際的であり、効果的であると身をもって実感してきた。過去に前例のない構想であったにもかかわらず、トップ経営者の思いは強く、また、事業現場の責任者の期待と支援も功を奏し、GRM体制の構築も実際のリスクマネジメントの日常活動も、行きつ戻りつの局面を繰り返しながら前進していった（注1-12）。

　前述の如く、多くの企業は、サプライチェーン網の構築を通じて企業が必要とするさまざまな財を調達し、この財を自社の技術力と生産力を用いて完成品に仕上げ、商品として社会に提供している。

注1-11：通常、人事部門、経理部門、マーケティング部門、知的財産権部門、品質管理部門等が主な協働部門であろう。

注1-12：具体的にどのようにしてGRMが企画され、具体的に推進されていったのかは、第2章及び第3章をご覧下さい。

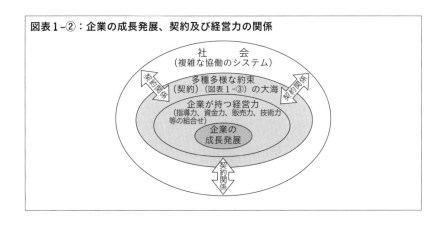

図表1-②：企業の成長発展、契約及び経営力の関係

　企業による一連の製造・販売のプロセスの背景には、企業が、意識していると否とに関わらず、社会（具体的には、社会の存在する多種多様な個人や組織）と結んでいる約束が、有形・無形に存在している（図表1-②）。企業は、社会の中にあって、数多くの約束のネットワークによって繋がれているのである。そうした約束を、事業リスクのマネジメントを考える際の便宜上、3つのカテゴリー（下記の①、②、③）に分類したのである。

　3つに分類された約束は、3つの約束と総称する（図表1-③）。企業は、3つの約束を念頭において、企業活動から派生する事業リスク（注1-13）を、そのときどきの事業活動が正しい軌道からはみ出さないようマネジメントしなければならない。

　それが本書に示すGRMなのである。GRMによって、企業経営は、社会からも受け入れ可能な経営（正しい経営）となると考えている。発見された事業リスクを、3つの約束毎に仕訳し、コンプライアンス（遵守）を必要とするものであれば誤りなくコンプライアンスし、あるいは、それが契約という約束の範疇に分類されるリスクであるとすれば、相手方当事者とWIN-WINの関係であるような条件となるように交渉し締結する。そうした作業の工程

注1-13：本書で紹介するGRMの中でのリスクとは、事業に関連して、又は事業活動のプロセスで派生し得る、広範な不確実性を意味する。

図表 1 −③：正しい経営の実現を果たすための 3 つの約束（注 1 -14）

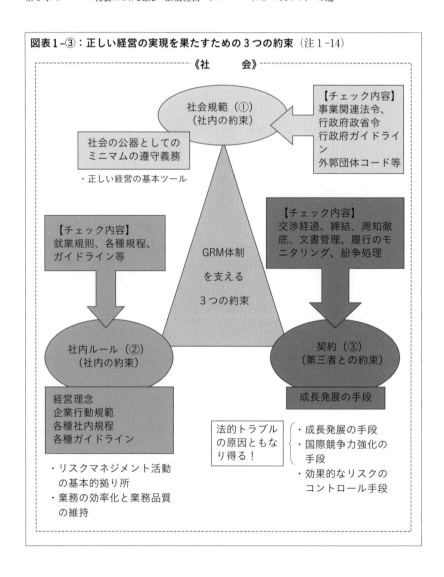

注 1 -14： 3 つの約束は、経営の正しさをチェックする場合の判断基準であり、また、事業の成長を目指す際のエンジンの役割を果たしている（特に、契約）。3 つの約束は、日本国内に限らず、事業活動が行われている諸外国・地域におけるものを含む。企業は、常に、3 つの約束が適切に守られ、あるいは、効率的に遵守・運用されるよう、合理的な措置を取り続けなければならない。

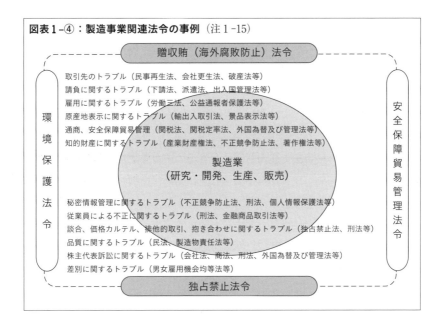

図表 1 -④：製造事業関連法令の事例 （注 1 -15）

をGRM、GRMの活動を具体的に担った組織をGRM体制と呼んだのである。

① 社会規範（一般的に、国や行政府が定めるもので、人や組織が守らなければならないとされている規律。例えば、法律、政省令）

② 社内規範（一般的に、社内の約束の範疇に入る自主的・自律的な規律。例えば、創業理念、企業行動基準、就業規則等各種の業務遂行のための規程等）

③ 第三者との契約（一般的に、第三者と結ぶ約束の範疇に入る私的自治的な規律。目的的に結ばれた各種の契約。重要なもの、長期あるいは継続的なものは、概ね文書化されている。

①の社会規範は、国や政府機関が定める各種の事業関連の法律や政令・省令等（「法令等」）を意味する（図表 1 -④）。本書では、社会との約束という捉え方をしている。企業のGRMを検討する場合、企業にとってこれら法令

注 1 -15：図表 1 -④は、日本での事業活動に係る法令の内、一部の法律を記載しているに過ぎない。また、法令以外にも、判例、慣行、行政指導等、事業に係わる社会規範は数多く存在する。すべて、リスクマネジメントを考える際の対象である。

等は、第一義的に、コンプライアンス（遵守）の対象である。企業は、どのような場合でも、その事業活動が法令等に基づいたものであるよう注意しなければならない。法令等は、企業にとって最小限の遵守義務の対象であると考えなければならない。遵守を怠れば、制裁があると認識しておかねばならないが、制裁の内容は、法により、状況により異なる（注 1 -16）。GRMの観点からいえば、ここでいう法令等には、必ずしも日本の法令等だけではなく、日本企業がその事業を展開している外国の法令等が含まれている。さらにいえば、我が国のバブル経済が崩壊した1990年代当初から、世界経済は米国を中心に著しく活発化し、その勢いはとどまるところを知らない状況にある。それに加えて、経済は経済といった独自性は失われており、経済社会に政治や外交が深く関与するようになっている。経済活動、すなわち、その本質は企業の自由な事業活動であるが、そうした自由は、政治等によって大小さまざまに制約されるような動きが顕著になってきている。

　表面的には、いわゆる、米中 2 大国による貿易摩擦と称されてはいるが、その実態は、今後の経済社会における覇権争いになりつつある。国家安全保障という言葉が、米国を中心に頻繁に使われ出しており、世界市場における自由な経済活動や企業活動を制限するようになっている。このように世界経済のあり様が、政治（あるいは、ときに軍事も含めて）の介入によって激しく流動化しているというのが今日の情勢である。この情勢は、かなり長期にわたって継続すると予想される。今のような世界情勢のもとで、法令等の観点から企業のGRMをしようとすれば、海外における新法の制定や現行法の改正、及びそれらの運用の実態についても、適切にモニターしておくことが望ましく、そのための仕組みや体制を整えておく必要がある。

　②の社内規範であるが、これは主には、各企業の創業理念（経営理念とも

注 1 -16：制裁の種類としては、法律の世界では、刑事罰、行政罰、民事罰がある。社内規範違反の場合には、規範に定められた自律的制裁があり、それ以外には、昨今マスコミ等で取り上げられる社会的制裁という制裁がある。社会的制裁は、状況によっては、問題を起こした企業にとって最も重い制裁となる場合がある。製品の不買運動等がそれに当たり、企業倒産に繋がることもある。

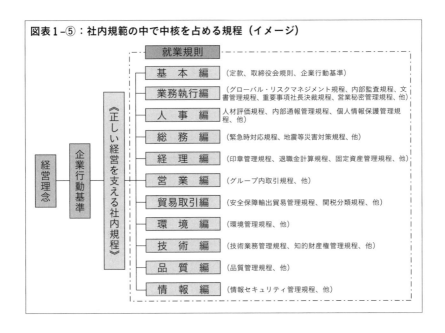

図表 1-⑤：社内規範の中で中核を占める規程（イメージ）

呼ばれる）、企業行動基準をはじめ、企業活動としての各種業務（職務）を効率的かつ合理的に推進するために制定されている規程や規則（「社内規程等」）を意味している（図表 1-⑤）。これらは、基本的に、企業の社内自主規制規範である。本書では、社内規範という。社内における自主規制規範ではあるが、中には、その規制が関連する法令（例. 我が国であれば、外国為替及び管理法）によって規律されているものもある。典型的なものは、安全保障貿易管理規程であり、この規程に基づく企業グループ内で適用されているコンプライアンス・プログラムであり、それを運用する体制（仕組み）である。社内規範も、第一義的には、コンプライアンスの対象である。

　③の第三者との約束は、文字通り、企業が他と交わす諸々の約束、すなわち、一般的に契約として知られているものである。他の中には、人、企業、研究所、大学、公共団体等々が含まれている。また、結ばれる契約の種類としては、雇用に関係するもの、秘密保持に関するもの、商品売買に関係するもの、取引の基本に関するもの、業務の委託に関するもの、工事の請負に関

するもの、資材の購入に関するもの、技術に関係するもの、権利の譲渡・移転・許諾に関するもの、資本投資に関するもの、事業に譲渡・譲受に関するもの、株式の譲渡・移転に関するもの、企業の買収に関するもの、和解に関するもの等々、実に様々である。

　契約は、目的的に結ばれるものであるが、その目的の大半は、企業自身の成長や事業の拡大に関わるものと考えることができよう。いわば、契約は、企業の成長のエンジンの役割を果たしている極めて重要な約束なのである。企業は、事業計画や事業戦略にしたがって、必要と判断する各種の契約を結ぶのである。また、どのような条件での契約を結ぶべきかであるが、契約には相手があり、なかなか自社の思惑通りの条件での契約を結ぶことは難しいということである。そもそも、契約交渉の際、自社と相手方のポジションは、異なるのが常である。いくらある条件での契約締結を期待しても、相手がそうした条件をそのまま受入れるという可能性は、ほとんどないのではなかろうか。

　筆者現役時代、海外営業を担当している部署から、商品の売買取引を行う際、買い手に対して提示する標準的な契約案といったものを作成してもらえないかといった要求が少なからずあった。

　営業担当としては、価格、数量、納期、品質等取引完了までに必要な条件に関して、厳しい話合いを行わなければならない。そうした重要項目について、会社としての基本方針を文書化したもの（契約書は、その一つ）があれば、話合いも行いやすくなる。取引先からの修正要求があったとしても、基本条件をベースに行うことができれば、多くの取引先と結ぶ契約にも筋が通り管理も容易になる。そのような理由であった。

　商品の売買契約ではなかったけれども、当社から海外企業に提供する特定製品の製造技術のライセンス契約の標準化にも関わった。標準化契約の作成過程の中で学習したのは、就中、国際的な契約を標準化するというのは、一面必要であり有益なところも少なからずあるものの、標準化された契約に落とし込める交渉というのは、想定以上に少ないということであった。

　取引上のポジションが相当に優位であれば、相手方は、当方が提示する契

約に署名せざると得ないということになろうが、そうしたポジションに立てる状況が多くあったとはいえない。そのように記憶する。

　契約のリスクマネジメントという観点から判断すると、標準化契約は、使用可能であればそれを用いることには意義もあろうが、それよりも、いかなる取引相手、いかなる交渉段階に関与しても、自社の利益を合理的に保証でき、リスクをミニマイズできるような幅広くて融通無碍の交渉能力を、個人的にも、あるいは交渉チームとしても習熟し涵養にすることが重要であると判断する（どのような交渉のあり方が望ましいかは、第2章、第3章を参照）。

　但し、注意しなければならない契約というのは、企業のよっては存在するのかもしれない（注1-17）。GRMの観点から、結んではならない契約は明らかである。違法な合意や違法性が疑われる合意が含まれる契約は、理由の如何を問わず、結んではならない契約であり、してはならない合意である。正しい経営とは相入れないからである。

　企業は、多種多様な組織の範疇に属する社会的存在の一つである。組織とは何かということについては、多くの見解があるかと思うが、筆者は、チェスター・バーナードがその著書の中で示した考え方が最も腑に落ちている。同氏の見解を分かりやすく、また、筆者独自の解釈を踏まえて極めて簡単に述べれば、「組織とは、2人以上の人間による、意識的に調整された協働のシステム（cooperative systems）」となる。彼は、組織の生存・成立のための3つの基本的な要素として以下を示した（「3つの基本的要素」）（図表1-⑥）。

① 　共通の目的（common purpose）（組織の目的）

注1-17：現役時代、参加したある国際契約セミナーで、講師の方が、「次のような国際契約は、特段の事情があれば別でしょうが、できるだけ結ばないようにした方が良いと思います」という話をされたことを記憶している。筆者のメモによれば、①有効期間が定められていない契約、②有効期間が長すぎる契約、③契約の解除事由の記載のない契約、④途中解約の条件が明確でない契約、⑤紛争処理の方法が曖昧な契約、⑥その他、相互同意を条件とする条文が多い契約等となっている。その理由は、メモには記録されていない。

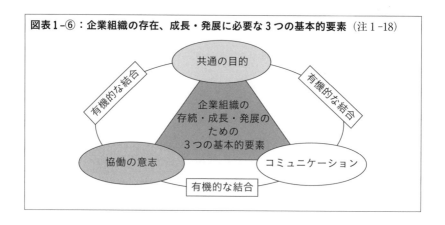

図表 1-⑥：企業組織の存在、成長・発展に必要な 3 つの基本的要素（注 1 -18）

② 　協働の意志（willingness to cooperate）（組織に対する協働の意欲）

③ 　コミュニケーション（communication）情報の伝達、情報の共有）

　協働のシステムとしての組織は、3 つの基本的要素がバランスよく、有機的に組み合わされていることを条件に存続している。組織の存続を実現しようとすれば、目指した目的や掲げた目標の達成と、それにともなう満足を得るということが不可欠である。

　このような組織の成長と発展を継続させるためには、組織を牽引するリーダーシップが欠かせないことになる。組織のリーダーは、上記①②③の基本の要素を念頭におきながら、当該組織の経営を実践しなければならない。

　以上が、筆者が独断で解釈したバーナード組織論の核心である。筆者は、現役時代に関わったGRMの設計図を描く際、さらにその後のGRMの存続と成長のプロセスで、3 つの基本的要素を実際的に応用していかなければならないと終始考えていた。事実、常時、この 3 つを重要視し、また、そのときどきの活動状況を反省する場合の判断基準とした。

　本書第 2 章と第 3 章では、この 3 つの基本的要素が、GRM実践の過程で、どのように重視されたかを記述している。仮に、3 つの基本要素の名前が出

注 1 -18：3 つの基本的要素の一つひとつは、常にそれぞれが安定的に機能し、同時に、この 3 要素は、有機的に結合された状態でなければならない。

ていなくても、重用したことに間違いはない。今日、多くの日本企業は、規模の大小を問わず、その事業を海外に展開しており、今後今まで以上にそうなるであろう。

　なぜなら企業の利益の源泉が、内（日本）ではなく外（海外）に横たわっているからである。もしも、日本企業が海外に向かわないとしても、他国の企業は海外に利益を求めて行くのは明らかである。海外事業展開のあり方も、単に数を増やすということではなく、はじめに展開した地域から別の国や地域に移す等、戦略も展開のあり方もスピーディでダイナミックなものとなって行くに違いない。その際、いかなる展開の形をとろうとも、３つの基本的要素は、組織の形態をとる事業拠点にとって不可欠なものであろう。また、そうした企業が、姿や形の如何を問わず、リスクのマネジメントを考案しようとすれば、その機能を果たす制度や仕組みにも３つの基本要素の具備が必要となるに違いないと思う。

　３つの基本的要素の中のいずれの要素も、それぞれに焦点を当てその健全性の維持に注力しなければならないし、同時に、３つの要素を一体と看做して強化・育成しなければならないと思料するが、GRM体制を健全な形で動かすうえで、特に、留意し続けたのは、コミュニケーションという要素であった。

　３つの基本的要素中のコミュニケーションが健全に機能しなくなれば、他の２つの基本的要素である、共通の目的と協働の意志が機能しなくなる。

　また、仮に、共通の目的が共有されており、参加者達の協働の意志が固いとしても、そのときどきのGRM活動方針なりがGRM参加メンバーにスピーディかつ正確にコミュニケートされなければ、折角の目的共有も協働の意欲も、早晩失われていくことになろう。

　特に、昨今、情報化時代と呼ばれる中、情報自体は溢れんばかりに飛び交ってはいるが、果たしてその情報は正確なものなのかは不明であり、ときに、間違ったものや意図的に悪意に満ちたものも含まれ報じられている。情報は、第一義的に正しいかどうかが重要であり、次いで、タイムリーであることであろう。そのような考えのもと、コミュニケーションを大事に取り扱

うとともに、コミュニケーションを行う場合には、提供される情報の正確さ
を最重要視したのである。

　加えて、前職時代のGRM活動は、文字通り、グローバルに展開されてい
たので、GRM参加者の多くは海外で採用された外国人であった。そのこと
も、コミュニケーションに相当の注意を払った理由であった。

　松下幸之助氏が、経営を考える際最も重要視したのは経営理念である。彼
によると、「会社は何のために存在しているのか。この経営をどういう目的
で、また、どのようなやり方で行っていくのか。」ということについて、基
本の考え方を持つということが大事という発言をしている。この経営理念
を、単なるお題目として戸棚に飾っておくのではなく、彼は、経営理念を仕
事の現場におろし、現場に定着させ、現場で働く経営者と従業員全員に理解
させ納得させ、体得させようと、会社内でのさまざまな機会をとらえてその
重要性を訴え続けた。

　また、社内においても、1933年以降、所主（社長）として、経営に関する
自らの考えを幹部社員に伝えることを目的として、所主通達という文書の発
行を開始したといわれている。通達の内容は、事業の多岐にわたっており、
決して、経営についての大所高所からの方針めいたものだけの伝達というも
のではなく、工場経営のあり方、資材調達の注意点、コストダウンの重要
性、製造部門と生業部門との連携のあり方等々、実に細かい点に関しての考
えを明らかにし、指導し、遵守を要請したものである（注 1 -19）。

　しかも、単に、通達という文字によって命令するということではなく、多
くの場合、社員が所属する組織長（例. 部長、課長、工場長、班長など）に
対して、各職場の上司と部下から成る、所謂懇談会等の懇談の場を設け、職
場社員の意見や感想を聞きながら、所主通達の本旨が社員の心に浸透するよ
う願っていたといわれている。つまり、命令等を一方通行で終わらせるので

注 1 -19：所主通達の内容が公開されたり、松下幸之助氏の著書の中に掲載されているかどうか、
　　　　筆者は承知していない。

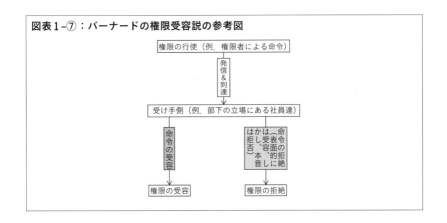

図表1-⑦：バーナードの権限受容説の参考図

はなく、社員が受け入れることができるよう説得を試みているのである。このプロセスは、バーナードが訴えた、権限受容説（図表1-⑦）の考え方と内容を同じくするものだと筆者は思っている。

　松下幸之助氏やバーナードの考えは、意思疎通というコミュニケーションとは一体全体何なのかという核心を突いたものである。要するに、コミュニケーションというのは、それを受ける側が理解し納得しない限り、受け入れられたことにはならない。換言すれば、発信側の意向は、受け手に伝わらなかったに等しいということである。普段の生活で、頻繁に交わされる会話（通常、おしゃべり的なもの）であればそれで問題は生じないのかもしれない。しかし、企業のように、上意下達、下意上達、あるいは、指示、命令といった情報の発信を頻繁に行い、それによって組織を動かしている人の協働システムにおけるコミュニケーションは、受け手によって理解され、受容されねばならないものである（注1-20）。

　バーナードが唱えた協働の意志（図表1-⑥）に関しては、松下幸之助氏

注1-20：企業が、社内に向けて発信するコンプライアンス要請等は、受け手である社員に、要請内容が十分に理解され、要請の内容が受容され、その要請通りに遵守してもらわなければ意味をなさない。さもなければ、同じ、若しくは、類似の不祥事や不正が再発することになる。コミュニケーションが正しく行われない組織は、組織を維持するための基本的要素が機能しなくなっているということである。

が定めた経営理念の内の信条が示すところに類似する。今でいえば、チーム
プレーに相当すると理解している。信条の本旨は、衆知を集めた全員経営と
いう経営モデルに行き着いたと考えられる。いくら優秀な人でも、自ずと限
界がある。他者を集め、他人の知恵や才覚を活用する。そうすることによっ
て、集合した知恵は無限大となり、結果、判断の過ちは少なくなる。このよ
うに考えたのである。松下幸之助氏は、リーダーシップの重要性を評価して
いたとされるが、組織運営のあり方としては、衆知を集めるという点に非常
に大きな価値を見い出していたように思う。どのような人物にもダイヤモン
ドの輝きがあり、それら多くの人を活かす経営に最高の意義を見てとったの
である。

　バーナードの考え方とも松下幸之助氏の考え方は、その本旨において瓜二
つであり、ともに組織の正しさを維持する上で必須のものであろうと筆者は
捉えている。

第2章

「正しい経営」を支える
グローバル・リスクマネジメント

第 1 節 | グローバル・リスクマネジメントの構想に着手

TF株式会社（「TF株式会社」）の事業は世界中に展開され、傘下に多くの子会社を有している。米国TFコーポレーションは、米国アトランタ州にあるTF株式会社の子会社（「TFUSA」）である。佐藤重明は、TFUSAへの長期出向を終え、TF株式会社の執行役員兼TFデバイス株式会社（TF Device Corporation、「TFD」）の社長（「佐藤社長」）として、本年 1 月 1 日付で着任したばかりである。TFDは、TF株式会社の完全所有子会社の一つで、各種電子デバイスの製造と販売を担当している（図表 2 –①）。

正月休暇明けの今朝、TFD法務部の伊藤俊政部長は、佐藤社長から呼び出しがかかり社長室に向かった。

社長室に入ると、佐藤社長は既に応接間に座っており、伊藤部長の到着を待ちかねていた。佐藤社長と伊藤部長は、同じ時期にTFUSAに出向しており、当時、佐藤社長は、TFUSAで民生用家電製品の販売を担当する社内カンパニーの副社長、伊藤部長はTFUSA本社の法務部所属のアシスタント・ゼネラル・カウンセルであった。

伊藤部長は、日米貿易摩擦が終焉を迎えつつあった1980年代末にTF株式会社の本社法務部に次長として帰国。数年後、TF株式会社の子会社であるTF情報通信株式会社の法務部長として出向。約 5 年の勤務を経て昨年10月、TFD本部法務部に異動した。佐藤社長がTFDの社長として帰任する 3 カ月前のことである。

佐藤 伊藤さん、久しぶりですね。

佐藤社長は、TFUSA出向時代とまるで変わらぬ穏やかな口調と態度で伊藤部長に話しかけた。TFUSAではじめて声をかけられたときの第一声、「あなたが伊藤さんですか。アメリカは法務と契約と弁護士の国です。いろいろ教えて下さい。」という言葉が蘇った。

佐藤 お元気そうですね。TFUSAでは、法務や契約、あるいは、コンプラ

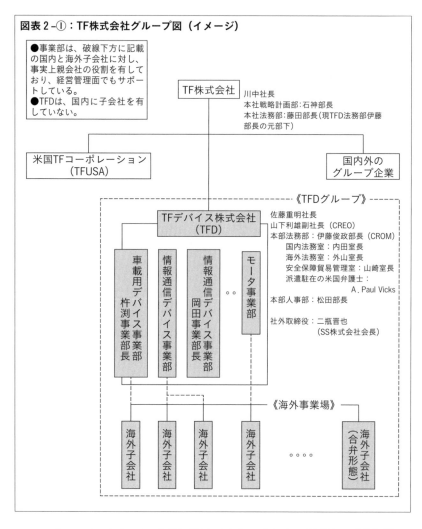

図表 2 -①：TF株式会社グループ図（イメージ）

●事業部は、破線下方に記載の国内と海外子会社に対し、事実上親会社の役割を有しており、経営管理面でもサポートしている。
●TFDは、国内に子会社を有していない。

TF株式会社
川中社長
本社戦略計画部：石神部長
本社法務部：藤田部長（現TFD法務部伊藤部長の元部下）

米国TFコーポレーション（TFUSA）

国内外のグループ企業

《TFDグループ》

TFデバイス株式会社（TFD）
佐藤重明社長
山下利雄副社長（CREO）
本部法務部：伊藤俊政部長（CROM）
　国内法務室：内田室長
　海外法務室：外山室長
　安全保障貿易管理室：山崎室長
　派遣駐在の米国弁護士：
　　　　　　A. Paul Vicks
本部人事部：松田部長

社外取締役：二瓶晋也
　　　　　（SS株式会社会長）

車載用デバイス事業部　杵渕事業部長
情報通信デバイス事業部
情報通信デバイス事業部　岡田事業部長
モータ事業部

《海外事業場》

海外子会社
海外子会社
海外子会社
海外子会社
海外子会社（合弁形態）

イアンスのことで、本当に助けてもらいました。伊藤さんが帰国してから私は、さらに５年ばかりアメリカに残ったのですが、ここで再会できるとは思っておりませんでした。帰任が決まったとき、TFUSAの人事部長がTFDの幹部社員名簿と職制表を見せてくれ、伊藤さんの名前をそこで見つけ何故かホッとしました。これ、本当ですよ。伊藤部長は、昨年10月１日付の異動なので、僕の赴任のちょうど３カ月

前です。奇遇です。

伊藤 本当に奇遇です。何かご縁があるのかもしれません。ここでも社長の
お役に立てれば良いと思います。

佐藤 本題に入る前に、僕とTFD事業との関係について話をします。その
後で、僕の気がかりについて聞いてもらいたいと思っています。

　全く突然だったのですが、昨年12月上旬、TF本社から帰任命令が
ありました。帰任先は元の民生用製品を扱ういずれかの事業場だと
思っていました。しかし、予想に反し、これまで経験したことのない
電子デバイスのTFDでした。これまでの異動のときと同様、異動先
の事業場で最善を尽くすつもりですし、社長としての役割を果たす覚
悟です。私も50代半ばとなりましたから、TFDは終の住処になるか
もしれないと考えています。その気持ちには偽りはありません。

佐藤 そこで相談なのですが、伊藤部長の意見を聞かせてもらいたいので
す。

　僕は、電子デバイス事業のおおよそについては理解しています。先
週までに、TFDデバイス事業について、事業部長、技術担当役員、
営業担当役員の方たちとの情報交換、意見交換、強みと弱みの照会、
そして抱えている課題の共有等を目的とする会議を行いました。

　また、TFDの独立採算をベースとする自主責任経営の体現につい
ても、打ち合わせや検討会を重ね、徐々に理解できていくだろうと
思っています。

　がしかし、本音の話が聞かせてもらえたのかどうかについてはわか
りません。次年度事業計画は4月1日にスタートするのですが不安で
仕方ありません。

　特に、リスクについては、デバイス事業と家電事業ではビジネスモ
デルが根本的に異なります。デバイス事業は家電のBtoCのビジネス
モデルではなく、企業対企業のBtoBモデルですから、お客様への対
応等、大きく異なる点が多いと考えています。お得意先は大手メー
カー、商社、しかも、海外の大手が相当に多く、売りのシェアも大き

い。ここ数年、民生用デバイスに比べ、車載用デバイスのウェイトが急速に大きくなっています。想定外のリスクが著しく高まる可能性について、車載用デバイスの杵渕事業部長はかなり神経を使っています。

伊藤 社長として、特に、どのようなリスクに注目していますか。

佐藤 車載用部品というのは、何といっても人の命を運ぶ自動車に使われる部品だという点ですね。どの商品に使われるにせよ、部品メーカーとして不具合を出すことは絶対に許されません。そして、自動車は直接人命を運んでいる。つまり、車載用部品は、人の命を左右する立場にあると考えなければならないのです。事業部長として非常に大きな責任を感じるのは当然だと思います。

　社長の僕としても、そうした重い責任に加え、ビジネスリスク面でも気になる点が多々あります。

　それは伊藤部長も知って通り、自動車の完成品メーカーに電装部品を供給しているティア1メーカーがとっている我々ティア2メーカーに対する姿勢でありアプローチです。具体的には、車載用デバイス事業部と傘下の欧州海外事業場が共同で取り組んでいる欧州の車載用電装品メーカーとの取引条件です。まだ、詳しくは報告を受けていないのですが、僕は、取引を急ぐあまり、契約条件を丸飲みしないよう注意しています。

伊藤 それはどういうことでしょうか。

国によって取引条件が異なることもある

佐藤 例えば、一時期の米国での話ですが、米国中西部にある自動車メーカーに直接納入する一次サプライヤー（ティア1サプライヤー）との取引契約交渉でしたが、TFUSAとしては、とにかく商売が取りたいがために、一次サプライヤーが提示した契約条件をそのまま受け入れようとしたケースがありました。伊藤部長がTFUSAに出向する前の

出来事です。僕からすれば、一次サプライヤー提示の条件は、あまりに一方的でした。受発注の方法も、売買価格も、不具合発生時の損害負担の割合も、一次サプライヤー側に有利なことばかりが規定されていたのです。

　自動車メーカーに直接納入する一次サプライヤー（すなわち、ティア 1 の電装品メーカー）、二次サプライヤー（ティア 2 サプライヤー）、三次サプライヤー（ティア 3 サプライヤー）という垂直的なサプライチェーン間で発生し得るリスクの負担が、ティア 2 やティア 3 というサプライチェーンの川上に位置するデバイスメーカーに偏るような傾向が生じていたのです（図表 2 -②）。

　こうした一方的な条件を TFUSA に提示した理由は、一次サプライヤーにしてみれば、契約対象の車載用備品が特注品ではなく汎用品であったため、TFUSA から買わなくても、他の日本メーカーや外国メーカーの商品でも構わなかったからでしょう。だから、非常に一方的な条件を示して、ティア 2 サプライヤーである TFUSA 側の顔色を窺ったという訳です。

　TFUSA の営業部隊は、熱心に条件交渉を試みたのですが、そうこうしているうちにティア 1 サプライヤーは、アジアの某車載用部品メーカーと契約を結んでしまいました。UFUSA との交渉は、その時点で終了となりました。僕としては、結ばなくて良かったのではないかと思いました。ただ、この当時、米国の車載用部品供給の分野は、概ね、今言ったような状況で、我が国の車載用部品メーカーは、商売を確保するのに苦労していました。

　いずれにしても、TFD の車載用デバイス事業部から伊藤部長に相談があると思います。伊藤部長なりの知恵を結集しておいてもらいたいですね。取引のグローバル化が進行しているとはいえ、何もかもが米国化している訳ではありません。車載用デバイスは、自動車業界を支えるようになっていますから、日本、米国と欧州とでは、取引条件等異なる可能性もあるでしょう。

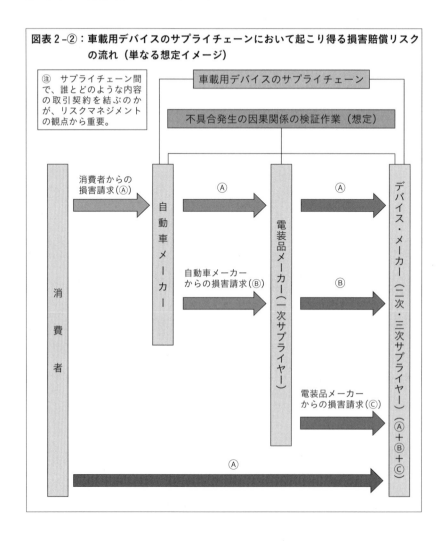

図表2-②：車載用デバイスのサプライチェーンにおいて起こり得る損害賠償リスクの流れ（単なる想定イメージ）

伊藤　よく分かりました。最善を尽くします。

サプライチェーンにかかるリスク

佐藤　取引上のリスクといえば、商品の納期分野についても発生していま
す。某大手自動車メーカーが開発したカンバン方式という生産管理方

式は、我が国だけではなく世界の車メーカーが採用するようになって
います。従来以上に、商品の納期に関連するリスクを重視しなければ
なりません。また、世界主要国による政治・経済社会、更に国家安全
保障分野における自国第一主義は、日本企業が構築しつつあったグ
ローバルなサプライチェーンを破綻させようとしていますね。TFD
グループとしても、自然災害、大火災、テロ、地震、風水害、未知の
感染症等は突然発生した場合において、世界的に拡散しているデバイ
ス製販のサプライチェーンのあり方の見直しと再構築を早急に検討し
なければならない状況です。

　いずれにしても、サプライチェーンに関わるリスクは、多岐にわた
り、また突発的で不可抗力的な出来事が多いため、事業継続の観点か
ら抜本的にメスを入れる必要があると考えています。車載用デバイス
だけではなく、情報通信機器用のデバイス供給体制とそのリスクにつ
いても見直さねばならなりません。サプライチェーンも、それが国内
だけの見直しであれば、その作業も、比較的早く行えるとは思っては
いるのですが……。

伊藤　おっしゃっている意味、よく分かります。

気になる事業リスクの多くは海外事業のリスク！

佐藤　中でも、正直、気になるのは、結局は、海外事業です。今言ったサプ
ライチェーンの問題も、海外事業リスクの最たるものの一つなので
す。とにかく、交際競争力を確保するための経済的な合理性だけに焦
点を当て、完成品のみならず、中に含まれている各部品、各部品の
パーツ等の生産場所や調達先を世界中に求めた結果が今日のTFDグ
ループ全体の事業展開といわれている姿なのです。しかし、いつの時
代もそうなのですが、経済や事業経営には、コスト面だけではなく、
国の政治や軍事、安全保障といった要素が密接に絡み合っていると
うことを忘れてはならないはずです。我が国も、1970年代から80年代

に日米貿易摩擦という大きなトラブルに直面したではありませんか。その時代に学んだのは、経済活動は経済活動だけで成立しているのではなく、その背景には政治や軍事という、いわく言い難い要素が絡んでおり、そうした分野への目利きというか心配りが必要ということでしたね。政治や軍事という極めて大きな事業リスクは、今日に至るも相変わらず大きな事業リスクなのだと僕は認識しています。加えて言えば、21世紀初頭には、中国広東省でSARS（重症急性呼吸器症候群）という感染症が、非常に大きな問題となりました。この疾病のため多くの在中国企業が工場閉鎖となりました。つまり、生産停止状態になったのです。このような感染症リスクも、経済合理性を妨害する無視できないリスクなのだと思います。

　総じていえば、TFDは海外展開を避けるという選択肢はないものの、海外に出向くのであれば、国内とは異なる海外事業特有のリスクが存在するのではないかという危惧を思いつつ、それらを処理するなり解決するという意志をしっかり持っておくことを忘れてはならない。そう思っているのです。海外に所在のTF株式会社の形態は、大半、その完全所有子会社ですが、中国では政府の外資政策に基づき合弁形態になっている会社が結構あります。その中のいくつかはTFD傘下のものです。合弁事業の場合、そこには単に海外事業だからという以上に、合弁固有のリスクが存在するのは、伊藤部長がよくご存じの通りです。

　とにかく、海外事業に関わるリスクには、顕在化したリスク以外に、隠れ潜んでいるものも相当あると予想しています。TFUSA時代もそうでした。伊藤部長には、何度も助けられました。

伊藤　社長を助けたという意識はありませんでしたが、当時のこと、思い出すときがあります。

ハインリッヒの法則
～1つの重大事故の背後には沢山の異常が隠れている～

佐藤　事業リスク一般と労働災害に関わるリスクと同じように考えるのは間
　　　違っているのかもしれませんが、労働災害の世界で、ハインリッヒの
　　　法則という有名な経験則がありますね。この経験則によれば、1つの
　　　重大事故の背後には29の軽微な事故があり、軽微な事故の背後には
　　　300もの異常が隠れて存在するというのです。この法則は、事業リス
　　　クを考える際にも適用できるような気がするのです。隠れたリスクと
　　　いうのは見つけるのが大変です。このことは、アメリカで実感しまし
　　　た。

　　　　伊藤部長も覚えていると思いますが、例の会計不祥事の件です。社
　　　内での調査を始めようとしたとき、伊藤部長から一言ありました。

> 「社外の顧問弁護士をチームに加えて、バイアスが掛からない客観
> 的で一層専門的な見解を聞き、それをベースに原因の追究を行いましょ
> う。このままでは、周りの社員の士気も下がりますし、噂も社内中に広
> がるでしょう。時間を掛ければ社外へのリークや誤解を生む情報が流れ
> るかも知れません。TFUSAのみならず、TFグループのブランドイ
> メージにも影響が及ぶかもしれません。とにかく、早く事態を収め、再
> 発防止策を採るのがベストだと思います。」

　　　というアドバイスでした。

伊藤　よく覚えております。

佐藤　この一言が、あのタイミングでなければ、あの件、想定外に複雑化し
　　　ていたのではないでしょうか。身内による原因調査では、根本原因に
　　　至るのは難しかったに違いありません。伊藤さん一言が活かされ、原
　　　因の追及が迅速かつしっかりできたお陰で、その後、同種のトラブル
　　　は起こりませんでした。

　　　　経理・財務・会計等資金を扱う社員の定期異動計画の策定と不定期

の不正監査の実施を含め、内部管理体制を全面的に見直すことがで
き、その効果があがったのです。

　但し、僕自身は、それで安心していた訳ではありません。企業は生
き物、しかも、変幻自在です。いつ、どこで、どのような種類のリス
クが誕生しているのか、誕生済みなのか、そのリスクは何処でうごめ
いているのか、正直、分からないところだらけです。

合弁企業の相続は注意すべき！

佐藤 さて、今回の社長職を拝命したのち、直ぐに調べてみたのですが、
TFDの海外事業の歴史というのは結構長いです。いくつかの海外合
弁事業がありますね。中には、現地の有力パートナー個人との合弁会
社が、インドとインドネシア、タイ、中国にあります。先代のパート
ナーが亡くなり、先代が所有していた合弁会社の株式と経営権が、子
息に移されているケースもあります。伊藤部長が、TFDに移動され
るかなり前の出来事です。この点については、何か問題はないので
しょうか。

伊藤 ご子息に株式が移転された際、税金対策ということのようでしたが、
ご子息一人に対する株式移転ではなく、ご兄弟姉妹、さらに、一部ご
親戚の方にも株式は譲渡されています。合弁契約上、新たに合弁会社
の株式の所有者となった方々も、合弁契約に拘束されるような修正を
行った方が良かったと思います。

佐藤 ということは、そのような手続きは取られなかったということでしょ
うか。

伊藤 ええ、そうした手続きは取られなかったようです。

佐藤 そのことによるリスクはどうでしょうか。

伊藤 今は、相手方の合弁パートナーとの関係は良好ですから、心配ないと
思います。ですが、新たに所有者となられた方々のことは、おそらく
誰も十分には知らないと思います。亡くなられた先代パートナーのご

家族であり、親しいご親戚の方ということしか分からない状態です。つまり、この先のことは分からない。

　従いまして、株の移転が実行された今となっては、彼らには合弁契約の条件に拘束されるよう手続きを取ってもらわなければならないと思います。いつそれを要求するのかを含めて検討中の状況です。どうすべきかにつき、後日、ご報告いたします。

事業部長会議における伊藤部長の注意喚起は、誰も予期しないような点を突き、インパクトがあった

佐藤　ところで、先日の事業部長会議の席上、伊藤部長は海外合弁事業に関して以下のような発言をされました。

> 「事業部長や各事業部傘下の海外事業場の責任者、及び事業部と海外事業場の経理部や企画部部長は、経営管理責任を負っている海外合弁会社の設立と運営の方法を規定している合弁契約書や合弁会社の定款の内容を理解しておられるでしょうか。あるいは、現地政府から発行された事業許可証の内容や条件についてはいかがでしょうか。現行の事業内容と事業許可証で認められている内容との間に齟齬（そご）はないかどうか、チェックしておられるでしょうか。
>
> 　さらに、海外事業場に赴任する社員に対しては、親元事業部の責任において、合弁契約書や定款や事業許可証を示して、その内容の理解を促していただいているでしょうか。また、合弁契約書の中には、その後の修正が加えられたものがあるかもしれません。修正契約書は、然るべき場所に保管され、修正の内容は、合弁会社の責任者や然るべき幹部社員に周知されているでしょうか。
>
> 　契約書や定款が、単なる、事業のお飾りになってはいませんか。契約書の規定内容は、パートナーとの約束の内容に他なりません。現地政府に対する約束でもあります。日本国内の事業とは異なる規律が、海外の

> 合弁事業には課されています。グローバル経営時代が本格化している今
> 日、改めて海外事業の法律的な枠組みに関してのチェックが必要だと思
> います。」

　伊藤部長の発言は、まるで、僕に対する注意喚起であったように感じまし
た。TFDにとって新入社員である僕がハッとする瞬間でした。

伊藤　そのような意図はございませんでした。ですが、通り一遍のことをい
　　　うのではなく、印象に残ることを述べた方が事業部長の記憶に残るの
　　　ではないか。そのように思ったうえでの発言でした。

佐藤　合弁事業を含め、TFDの海外事業に限っていえば、事業の実態につ
　　　いても、事業のリスクについても、僕は無知だということです。先程
　　　も言いましたように、本業については、今後、各事業部との打ち合わ
　　　せが頻繁に予定されていますし、非公式に訊ねる機会がありますか
　　　ら、ビジネスの実態を把握するのは、比較的容易だと思います。

　　　　僕が知りたいのは、事業部と傘下の海外事業場の双方が抱えている
　　　であろう潜在的なリスクであり、その中身であり、解決方法なので
　　　す。

海外事業に関する無知は、放置できない！
～早急にリスクを理解しなければならない～

佐藤　伊藤部長に頼みたいことは次のことです。今後 1 年程をかけて、事業
　　　部と傘下の海外事業場の事業関連リスクを洗い出し、洗い出されたリ
　　　スクについて、事業場自身が自主的に解決していくという仕組みを
　　　創ってもらいたいのです。ポイントは、「しっかりと、安定的に」と
　　　いうところにあります。

伊藤　かなりハードルが高いですね。私にできるでしょうか。

佐藤　大丈夫です。

　　　　ポイントは、自主的とはいえ、リスクの発見とリスクの解決に至る

プロセスの全てを、事業現場に一任しようと考えてはいけないということです。事業部に一任するという姿は、現在の事業部の姿です。事業場ごとに、独自の方法でリスクを見出し、見出されたリスクについては、独自にマネジメントし、独自に解決していく。事業も独自、事業リスクも、事業部独自で処理していく。この方法だと、仮にリスクの内容が同じでも事業現場ごとにバラバラとなり、解決はできたとしても、いずれの解決方法がより優れているのかという点とか、解決に費やされたエネルギーがダブってしまうということになるかもしれません。リスクの解決方法も、過去の事例というものを活用し、新たなリスクにエネルギーを費やすという姿にならねばなりません。

　つまり、リスクの解決に関する効率化を促していかねばなりません。独自の判断であるとはいえ、隣の事業部と同じことをやっている。そうした状況は改めるべきだと思うのです。独自に行い、結果に満足する。しかし、その結論というのは、果たしてベストなソリューションであるのか、自己満足的なものではないのか、を検証しなければなりません。

伊藤　本部傘下の職能部門に相談した方が良いと判断したときには相談する。しかし、相談しなくてもよいと判断した場合には相談しない。要するに、事業部の独自判断に任せるというビジネスモデルが、TFDでは正統な自主責任経営であり、事業部制度の核心であると真剣に考えられ受け継がれてきたのです。そうした考え方は、TFDだけのものではなく、概ね、ほとんどすべてのTFグループの事業部の考え方でもあったと思います。

経営のあり方というのは、その時代の経営環境の落とし子ではないのか?

佐藤　事業モデルや経営のあり方というのは、あくまで、経営環境や市場の性質によって変わらざるを得ないものなのではないでしょうか。そし

て、ふと、創業者の考えはどうだったのだろうと考えてみたのです。すると、創業者は、「不変のものは、企業の存在意義であり、目的である。目的達成のために必要な経営のあり方というのは、変えるべきときには変えなければならない。」という考え方を持っておられたことが分かったのです。つまり、TFグループやTFグループの一員であるTFDの目的はこれからも変わらないとしても、目的を達成するための手段・方法である経営のあり方は変えるべしということなんです。事業部制度は、手段であり手法です。変えてよい。そういうことですね。

事業部に任せきりのリスク対応ではなく、本部プラス事業部という協働を通じてのリスクマネジメントが必要！

佐藤　今、我々が直面している経済のグローバル化という激しい環境変化のもとでは、一過性の一事業部単独によるリスクの処理は、企業グループ全体の利益に適わないのです。個々の事業部にとっての最善な選択では駄目で、少なくとも、TFD全社にとって最善のものとなるようなリスク解決でなければならない。

　僕としては、TFD製の製品やサービスから派生するリスクに関しては、事業部を主体者としつつも事業部プラス本部の協働（すなわち、チームワーク）を通じた総合力で解決するというやり方を定着させたいのです。

　そして、それを実現する体制や仕組みを構築し、その体制を日々充実させながら運用してもらいたいと思っているのです。この構想は、国内外のTFD事業場の全てに、グローバルに適用されるものです。こうした活動をグローバル・リスクマネジメント（「GRM」）と名付けてはどうでしょう。

伊藤　予期せぬ紆余曲折があるとしても、グローバルな経済社会が本格化し、これからはさらに進化すると予想される環境下では、一人ひとり

の自主・自律の強化とともに、そうした個の集合体である組織力全体の強化が並行して重要になってきていると思います。

　TFグループ創業者が、創業後しばらくして自主責任経営の考え方を打ち出されたとき、私たちは、その時代のTFグループがいかなる状態であったのか、資金力、開発力、製造力、販売力、サービス提供力、そして、人間力。こうした経営資源全体の状況と経営資源を活用する人間力といった全体も、同時に検討しなければならないはずです。

　自主責任経営の考え方とそれを具体化する事業部制は、恐らく、当時という時代の申し子であり落とし子であったのではないか、私は、そう考えるのです。換言しますと、TFグループの自主責任経営とその時代とは不可分の関係にあって、互いに相依の関係にあった。ということは、当時の時代環境と現在のそれとが大きく異なるということであれば、かつての制度も、適宜適切に変わるのが理に適うはずである。そう考えてもおかしくはない。むしろ、そのように考えるのが素直な考え方である。私は、そう思っております。

単独主義では、イノベーションの時代に勝利を得ることは難しい
〜時代にマッチした協働なりチーム力が期待される！〜

伊藤　そのような考え方に沿えば、今、社長が仰った協働というスタイルを事業リスク解決の一手段として用いることは、むしろ自然の成り行きなのではないかと思うのですが……。一般的にではありますが、これからの時代、企業が単独主義という考え方だけに固執して事業経営に挑むのは無謀なのではないでしょうか。個の能力の開発強化は常に必要だと思いますが、この周辺の環境を整えるとか、あるいは、状況次第でチームを編成し、当該チームの能力を強化するという、自在な考え方と実践のスタイルが望ましい。私は、そのように感じています。

　　　また、社長がお考えのTFDグループ全社の経営のあり方をカバー
　　する事業リスクのマネジメントには、私は、大賛成です。その名称に
　　も賛成です。事業リスクに関して総合的でシステマティックな解決手
　　法なり手立てといったものを、各事業、並びにTFDグループ経営の
　　プロセスに組み込むという社長のご意志は今日という時代の要請では
　　ないでしょうか。私はそう思います。

佐藤　賛同してもらえ、正直、ひと安心です。僕が、GRMやGRM活動に自
　　主責任経営の考え方を活かそう思ったのは、自主責任の精神を維持し
　　てGRMに臨んでもらわなければ、時の経過とともにGRM全体も老化
　　し、やがては衰退していくだろうという危惧を抱いているからなので
　　す。このような老化現象や老化に伴う各種病の発生を回避したり、抑
　　制したりするためには、事業責任者、幹部社員、一般の社員の全てが
　　一体となって自分たちの事業は自分達の責任において守り、自ら創意
　　工夫し、成長させていくという強い意志を持ち続けることが絶対に欠
　　かせないと思います。

　　　㋑自主責任経営の考え方をGRMに活かす、㋺事業責任者による率
　　先垂範、㋩全員の衆知の結集という3つが、数珠のように固く結びつ
　　いた状態で機能し続けるならば、経営環境の変化がいかに激しいもの
　　であってもGRMは成長し続けることが可能となる。GRMが成長し続
　　けるならば、TFD事業は正しい経営の姿を常に維持しながら社会の
　　公器としての発展が約束される。そう確信しているのです（図表2-
　　③)。

新たな自主責任経営をスタートさせたい

佐藤　自主責任経営の基本精神を活かした「自主責任リスク経営制度」とい
　　うものを構築し、その制度を、TFDの本業であるデバイス事業経営
　　と一体化させる。

　　　本業の開・製・販の事業は開・製・販の事業経営活動、リスク経営

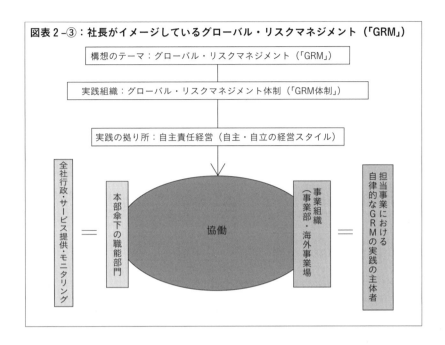

図表2-③：社長がイメージしているグローバル・リスクマネジメント（「GRM」）

活動はリスク経営活動といったように別々に分離し、それぞれが独自に考え、動くのではなく、本業のマネジメントと事業リスクのマネジメントを、常に一対とみなし、あたかもコインの裏表のように不可分と認識する。

伊藤 私の考えていたコインの裏表の関係ですね。

佐藤 そうです。さらに言うと、単に、そのように一体として認識するだけではなく、予想されるリスクをどのようにしてマネジメントするのが最も効果的で効率的なのかを、新たな自主責任経営の考え方を示してもらいたいのです（図表2-④）。

　　このような経営モデルに転換しない限り、TFDの企業価値は増えない。仮に一時期増えたとしても、その後持続的に向上するとは考え難いように思いますね。

伊藤 なるほど。

佐藤 何故なら、想定外の企業不祥事を引き起こして制裁金を支払う状況に

図表 2 –④：グローバル経営時代における自主責任経営のあり方

グローバル市場経済時代にマッチした自主責任経営＝
自主・自立を前提に、協働（自力プラス他力）の積極活用＝
本業経営、及びGRM双方で、適宜適切に適用

グローバルな市場経済の特徴＝
新規のイノベーション（創造的破壊）が活発化。完璧さよりもスピード経営が重視される。生き残りをかけた社会・経済環境変化対応力が勝敗を決する。

現在の事業部による自主責任経営＝
事業部自身の経営力の範囲で、リスクを発見し経営力の範囲で解決

陥り、その結果、多額の損失が発生する可能性が絶対ないとはいえません。企業不祥事は、TF株式会社創業以来の経営理念である社会の公器としての正しい経営に反することでもあります。

近年、TFグループ全体で見れば、不祥事を起こしています。故意に起こしたものではありませんが、不祥事は不祥事であり、エクスキューズできません。

伊藤部長は、この分野の専門家だから十分に理解できていると思いますが、TFグループは、ある時期から、企業不祥事発生を予防するための脇が甘くなっているような気がしてならないのです。かつては、社会の公器としての自覚もはっきりしており、社会の目、世間の目といったものに対し、今日以上に敏感だったように感じます。

最初から完全なものを構築するのではなく、拙速を貴ぶやり方で臨んでもらいたい

佐藤 GRM体制に関していえば、最初から一気に完成、あるいは完成に近いものを期待しているのではありません。基本の枠組みさえしっかり押さえられているのなら、体制づくりは事業部の総力を投入してもらい、彼らと本部の協働チームで、一歩一歩進めてもらいたい。そうしたプロセスを経ることにより、関係者の創意工夫が活かされ、事業により密着したGRMに育っていくのではないでしょうか。GRMで大事なのは、GRMに対する参加者の熱が冷めないようにすることです。熱が冷めれば、継続が難しくなります。参加者がどこまで熱意をもってやれるか、それが大事です。

GRMの目的に向かって全員が衆知を集める

伊藤 正しい経営を維持するには、GRM並びにGRM体制等を持続させることが非常に重要な点だと思います。

佐藤 その目的上、GRMの拠り所となる原理・原則を揺るぎないものにする。揺るぎないものというのは、誰にとっても当然と思われ、受け入れられるもののことです。その原理・原則を、活動を通じて、より揺るぎないものにしていくのです。その役割を担うのは、

　　　㋑　国内の各事業部であり、その傘下にある海外事業場

　　　㋺　TFD本部であり、本部傘下にある各職能部門

です。

　　GRMに責任を持つのは、本部と事業部、海外事業場の責任者であり、経営幹部であり、一般の社員です。つまり、全員です。GRM体制を動かすのは、一人ひとりの自主性であり、自主責任の意識です。TF株式会社グループがここまで大きく成長することができたのは、その時代時代の経営に参加した全員による自主的な活動があったから

です。

佐藤　それからもう一つ大事なことを言っておきます。

TFグループ全社のGRM構築の指針となるようなTFDのGRMを目指す！

佐藤　TFDはTFグループの一員です。今、伊藤部長にお願いしたTFDのGRMですが、理想をいえば、TF本社がグループを代表して全社のGRM構想を練って、その基本の枠組みの中で、TFDや他のグループ企業が、自身のGRMを構想していくという方が良いのではないかとも考えられます。

　　　実は、僕も１週間前にTF本社の川中社長に呼ばれたときに、そういう趣旨の提案をしたのです。川中社長は即座に、

『それも一理ある。しかし、その方法を採用すると、恐らく相当の時間と準備のためのエネルギーがいるに違いない。いや、正直、時間が掛かり過ぎると思っている。しかも、TF本社は実務をやっていないから、リスクの何たるかは頭の中にしかない。事業現場が実感している本当のビジネスリスクは分からない可能性があるように思う。つまり、頭の中だけのGRMになってしまう。

　そこで、前々からグローバルリスクに関心をもっている新任社長の君に、TFDグループ全社をカバーするGRMを立ち上げてもらい、リスクマネジメントの何たるかの範を示してもらいたいのだ。いわば、GRM先発隊であり先駆けだね。試作品をつくる役割といって良いのかもしれない。

　うまく行くようなら、TFD型のGRMを、TFグループのベンチマークとして他のグループ企業の参考にしてもらう。

　もちろん、TFDの動きに並行して、TF本社として、TFグループ全社のGRM体制を考えてもらう予定にしている。TFグループ全体の構想

づくりは、戦略計画部に要請する。彼等は、頻繁に君の所に相談に行くと思うから、お互い助け合いながら進めてもらいたい。

　それから、このことは、TF本社のリスク担当役員にも伝えてあるので、帰る途中で顔を出して挨拶しておいてもらいたい。TFDのGRM構想は、君のところの法務部長の伊藤君が企画すると誰かが言っていたように記憶する。伊藤君は、彼が本社にいた頃法務案件で相談したことが結構あった。だから、リスク担当役員に声をかけておけば、何かと必要な支援を提供してくれはずだ。とにかく、TFDの自主責任と自己完結の精神で、良いベンチマークを作ってもらいたい。』

という趣旨の話でした。

　僕が伝えたかったことは以上です。

　それから、このプロジェクトには、予算と担当社員の増員が必要かもしれません。この点、経理部長と人事部長に特別予算枠を設けるようお願いしてあります。両部長に会って具体的に相談して下さい。

伊藤　ご要請の趣旨、よく分かりました。構想の基本が考え方や枠組みが出来上がり次第、ご報告にあがります。

国内外の法務室長にも賛同を得る

　伊藤部長は、社長室を退出した。伊藤部長は部屋に戻り、2名の法務室長（一名は国内法務室の内田室長、もう一名は海外法務室の外山室長）を呼び、先ほどの佐藤社長の要請を伝えた。

外山　ここ数年、同業の大手/中堅他社による法令違反事件等の不祥事が頻発しています。佐藤社長の要請はタイミング的に当を得たものです。法務部としても、海外事業場の経営については、親元事業部から話を聞く以外情報収集の方法がなく、実態がよく分からない状況です。当社に異動されてから、伊藤部長は、事業部に出向き、本部法務の役割について話をしてもらっており、事業部の中には案件について積極的

に相法務を使おうとしてくれているところも出てきています。しかし、そうした動きも、15の事業部から見ますと多いとはいえない状況です。

伊藤　今のお話を聞く限り、社長がGRMをやろうとしておられることは正しい。また、GRMを進めるうえで、伝統的な自主責任経営の考え方を基礎に据えようと考えられたのも正しいと思います。

　　　自主責任経営を具体化している事業部ですが、彼らの仕事の進め方を、部分的に事業部と本部の協働でやってはどうかという点、これにも大賛成です。事業部単独主義はTFD全体の経営のあり方として、ロス・コストであり、効率的にも良くないと感じてきたからです。特に、海外案件についての事業部単独の自己完結スタイルは、危なっかしいと以前より感じていました。

内田　伊藤部長が言った通りだと思います。法的な観点らしますと、喫緊の課題の一つは、事業部が抱えるリスクの解決に本部の力を使ってもらうことだと思います。協働でリスクに向かい合うというモデルを、早急にスタートさせるということです。

　　　協働をするということは、互いに相手を知るということです。知れば理解が進みます。お互いの足らざるところを知るところとなり、その点は自己研鑽にも結びきます。信頼も醸成されていく。こうした現象は、TFDグループ全体の経営力の強化に生かされと思います。

　　　ちなみに、法務業務も、室は2つに分かれていますが、昨今の案件は、国内案件、海外案件という形には、はっきりとは分離されてはいません。1つの案件は、国内的な要素と海外的な要素がミックスされている。つまり、案件が、グローバルな性格を有しているのです。ですから、案件処理の依頼があった場合には、室長2人がそれに関与するという姿勢で臨んでいます。これは、伊藤部長の指示を受けての新しい法務モデルといえます。法務部の中でも、昨年来協働が始まっているということです。

翌週の月曜日の午前、伊藤部長は再び両室長を法務部会議室に呼び、本件

プロジェクトの構想を練るため念頭に置くべき主要項目（「17の主要ポイント」）について説明し、両室長の意見を聴き参考とした。

社長から要請のあったGRM全体の基本構想は、「17の主要ポイント」としてまとめられた

社長からの要請のあったGRMのあり方を考える際の検討項目は㋑の「17の主要ポイント」（図表２-⑤）としてまとめあげた。それに加えて、下記の㋺㋩㋥の資料を作成し社長にメールした。社長との打ち合わせは、２日後、社長室で行うことになっている。

- ㋑　TFDグループ全社をカバーするGRMを検討する際、考慮すべき「17の主要ポイント」（図表２-⑤）
- ㋺　「17の主要ポイント」を踏まえた「TFDグループ全社のGRM体制図」（イメージ）（図表２-⑥）
- ㋩　日常のGRM活動を推進する「リスクマネジャー・ネットワーク」の素案（但し、リスクマネジャー名は空白のまま。今後、任命予定）
- ㋥　３月度定時取締役会の後、社内メールにて配信予定の第１回社長通達（件名：TFD・GRM開始の件）の原稿

GRMの基本構想についての初打合せには、２名の法務室長も同席の予定である。社長秘書からは、この打合せには、TFD経営陣のナンバー２と自他ともに認めている山下利雄代表取締役副社長執行役員が参加すると聞かされている。山下副社長は、技術と製造の鬼と目されている人物である。長くTFDに勤務。事業部長経験も充分である。

　１月第４週目の月曜日、伊藤部長は両室長を伴い社長室に向かった。中に入ると、社長と山下副社長は既に応接間に座っており、何やら歓談の最中であった。

伊藤　社長、お待たせしました。一番乗りかと思っておりましたが、申し訳ございません。

佐藤　ちょっと山下さんと話があってね。大役をお願いしたところですが、

図表2-⑤:「17の主要ポイント」

グローバル・リスクマネジメント構想の基本の枠組みとして 考慮すべき「17の主要ポイント」(「17の主要ポイント」)

(ⅰ) グローバル・リスクマネジメント(「GRM」)の目的:TFグループ企業行動規範に基づく正しい経営の実践を支えるため、本業推進の過程(プロセス)で派生し得る不確実性(「事業リスク」、又は単に「リスク」)を、全員の衆知を集め、適切な協働(collaboration)と協力(cooperation)を通じて、実際的で最適な解決(「ベストなソリューション」)に至るよう経営(マネジメント)することである。

(ⅱ) GRMの実践は、3つの約束(*1)を基礎に置くものとする。

(ⅲ) GRMを実践するための組織(「GRM体制」)は、組織の生存と成長に不可欠な3つの基本的要素一つひとつの有効性に注意を払い、かつ、3つの要素の有機的な結合を念頭において運営される。

(ⅳ) 各事業場が策定する事業計画と洗い出された事業リスクのマネジメントを連動・一体化させる。

(ⅴ) GRM活動は、常に、責任者、幹部社員、一般社員による適切な参加を念頭に置き、どの事業場においても部門横断型チーム(cross functional team)を通じて推進されることを基本とする。

(ⅵ)

1. GRM活動の中核となるリスクマネジャー(「RM」)は、以下のように選ばれる。

   ㋑ 事業部長、並びに事業部傘下の海外子会社(「海外事業場」)の社長(又は、それに相当する事業責任者)は、担当事業場から、少なくとも一名をRM(「事業場RM」)として任命する。

   ㋺ 本部傘下の各職能部門長(例.経理部長、人事部長、法務部長、安全保障貿易室長、情報セキュリティ部長他)は、担当職能部門から、少なくとも1名をRM(「本部RM」)として任命する。

   ㋩ 任命された事業場RMと本部RMは、共に、リスクマネジメント最高責任者(chief risk executive officer:「CREO」)が承認する。

2. 社長は、㋑CREO、及び、㋺日常のGRM活動を主導するリスクマネジャー総括(chief risk operating manager:「CROM」)をそれぞれ1名ずつ指名し、共に、取締役会で承認される。

3. CREOは、TFDグループのGRMのすべてについての最高責任者であり、GRMの全社企画と行政についての権限を有する。また、CREOは、すべてのRMを統括する。CROMは、日常のGRM活動を主導する役割を担うとともに、CREOを補佐する。また、CROMは、本部RMから構成される本部GRM体制のリーダー役を担うものとする。

4. TFD情報セキュリティ規程に記載の規定を条件に、CREOは、RM名簿を作成し、RM全員に配布する。

(ⅶ) CREOは、社長、又は、社長が指名する上席副社長とする。

(ⅷ) GRM体制のガバナンス、GRM体制の運営、RMの役割等GRMに関する基本的事項は、今後作成予定の「グローバル・リスクマネジメント規程」(「GRM規程」)に定められ、この規程は取締役会にて付議・承認される。GRM規程は、日本語と英語で作成され、国内外のTFDグループ事業場のすべてに配信される。

(ⅸ) 日常のGRM活動は、GRM規程にしたがい規律される。但し、特段に必要な場合、社長(又は、CREO)の通達で活動の内容が指示される。通達の言語も、日本語と英語とする。

(ⅹ) 状況に応じて、特定のリスク項目の取り扱いに関する指針(ガイドライン)が作成(日本語・英語)されRM全員に配布される。当該リスク項目は、指針にしたがってマネジメントされるものとする。

(ⅺ) GRM活動は、原則的に、PDCAサイクルに則って実践されるものとする。

(ⅻ) コンプライアンスに関わる既存の諸活動は、特段の理由がない限り、諸活動それぞれの本旨を活かしつつ、GRM活動と調整されGRMに統合されるものとする。(＊2)

(ⅹⅲ) 必要とされるGRM関連会議(教育研修やセミナーを含む)は、状況に応じて、TFD本部、各事業部、海外事業場において開催される。

(ⅹⅳ) 日常のGRM活動は、TFグループの経営基本方針の一つである自主責任経営(self-autonomous management)の考えを基本とする。但し、事業リスクの早期発見とそのベストなマネジメントを実現するため、本部に新設される本部GRM体制(リーダー:CROMが兼務)は、事業場RMと緊密に連携し、事業場の本業をサポートする。また、事業場は、事業リスクの発見とそのマネジメントに関して本部GRM体制の能力を有効に活用し、事業計画の達成を促進しなければならない。

(ⅹⅴ) GRM活動に対する「モニタリング(monitoring)」は、GRM規程に従い、CREOをリーダー、CROMを副リーダーとする本部GRM体制が担当する。モニタリング報告書は、CROMが作成し、遅滞なくCREOに提出される(写は社長に提出)。モニタリング方法の詳細については、GRM規程の制定後、安全保障貿易管理室、並びに情報セキュリティ管理部と協議のうえ決定され関係部門に通達される。

(ⅹⅵ) 事業場RMは、所属事業場におけるGRM活動に関し、現在協力を依頼している地域の法律事務所(「ローカル法律事務所」)を引き続き活用することができる。但し、将来、CREOが新たな法律事務所を選択した場合には、相互に協議のうえ、その事務所を優先的に活用することを了解する。また、TFDグループ全社に関わる広範な共通リスクのマネジメントについては、CREOが指定する法律事務所(「グローバル法律事務所」)の協力を仰ぎながら行うものとする。

(ⅹⅶ) なお、将来、TF株式会社本社(「TF本社」)が、TF株式会社グループ全社のGRMをカバーする規程を制定、あるいは、当該規程に基づき、TFDのGRM規程、もしくは、TFDのGRM活動との整合性をとる場合、TF本社との協議を経て、TFDのGRM規程は適切に修正される。

以上

＊1:社会規範、社内規範、第三者との契約を意味する。

＊2:情報セキュリティ規程、安全保障貿易管理規程、業界団体活動に関する指針に基づくコンプライアンスが含まれる。

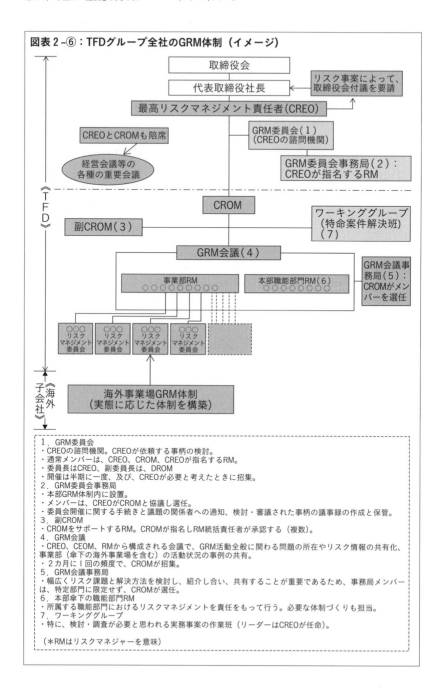

図表 2 –⑥：TFD グループ全社の GRM 体制（イメージ）

1．GRM委員会
・CREOの諮問機関。CREOが依頼する事柄の検討。
・通常メンバーは、CREO、CROM、CREOが指名するRM。
・委員長はCREO、副委員長は、DROM。
・開催は半期に一度、及び、CREOが必要と考えたときに招集。
2．GRM委員会事務局
・本部GRM体制内に設置。
・メンバーは、CREOがCROMと協議し選任。
・委員会開催に関する手続きと議題の関係者への通知、検討・審議された事柄の議事録の作成と保管。
3．副CROM
・CROMをサポートするRM。CROMが指名しRM統括責任者が承認する（複数）。
4．GRM会議
・CREO、CEOM、RMから構成される会議で、GRM活動全般に関わる問題の所在やリスク情報の共有化、事業部（傘下の海外事業場を含む）の活動状況の事例の共有。
・2カ月に1回の頻度で、CROMが招集。
5．GRM会議事務局
・幅広くリスク課題と解決方法を検討し、紹介し合い、共有することが重要であるため、事務局メンバーは、特定部門に限定せず、CROMが選任。
6．本部傘下の職能部門RM
・所属する職能部門におけるリスクマネジメントを責任をもって行う。必要な体制づくりも担当。
7．ワーキンググループ
・特に、検討・調査が必要と思われる実務事案の作業班（リーダーはCREOが任命）。

（＊RMはリスクマネジャーを意味）

快諾いただきました。そうですよね、山下副社長。

山下　力不足の感があるのですが、お引き受け致します。私は、入社以来、デバイス技術と製造一筋でここまでやってきております。それでもよろしければ、挑戦したいと思います。伊藤部長よろしくお願いします。

伊藤　副社長、こちらこそ、よろしくお願い致します。打合せに副社長がご出席と秘書の方から伺っておりましたので、きっとそのようになるだろう。いや、なってもらえればと思っておりました。念願叶いました。

山下　そう言って下さると、やはり嬉しいですね。

伊藤　本当にそう思っております。私も昨年10月にこの会社に異動したばかりです。デバイスの技術や製造工程上のトラブル等に関しては、山下副社長の考えをお聞きし勉強しなければなりません。GRMが始まりますと、グローバルに事業のリスク、製造や技術面でのリスクが一気に増えてくるのではないかと、内心、戦々恐々の状態です。私はもちろんですが、同席の2人の法務室長も、今後頻繁にお邪魔するかと思いますが、どうぞよろしくお願いいたします。

「17の主要ポイント」は、本当によくできている！

佐藤　早速、本題に入りましょうか。伊藤部長が作った「17の主要ポイント」ですが、構想の全体像が網羅的に抽出されており、よく考えられていると思います。3月の定時取締役会では、このポイントに沿って作られる資料等を、適宜説明し、了解を取らねばなりません。
　　　山下副社長、ご感想いかがでしょうか。

山下　よく考えられ、ポイントを的確にとらえていると思います。

佐藤　ありがとうございます。私は、今回のプロジェクトで大事にしたいことは、先日の打ち合わせの際に言いましたように、完全なものを本部が作りあげるのではないという点です。むしろ、実践の過程を通じ

て、事業部と本部が協働で創造していかねばならないということなのです。伊藤部長もそう考えていますが、事業のプロセスで派生してくるリスクは、まさに生き物です。それは常に変化し続けています。そうした生き物を相手とするリスクマネジメントには完成形はないはずです。

リスク対応は、絶えず、新たな観点から考える
〜惰性を避ける！〜

佐藤 リスク対応は、常に、現在進行形です。ですから、この活動にとって重要なのは、持続性であり継続性ということになります。その持続性も、基本的に、事業現場による自主自律による持続性であることが重要です。事業部に持続をリードしてもらうということを基本に、そのときどきに生じる事業リスクについて解決策を採る。このスタイルを維持し強化していくことが最も大切だと考えています。

　そうした流れの中で、どうしても避けなければならないのは惰性や妥協、いわば、事なかれの風潮です。過去の判断を今日のリスクに、機械的に当てはめてしまう。こうした馴れ合いの姿勢だけは認めないようにする。そう思うのです。リスクの処理は、日に新た、でなければならない。つまり、今日よりも明日、明日よりも明後日という風に、日々成長発展するという気持ちでリスクの対応を行なうことが大切なのです。

本部の姿勢も変えなければならない！

佐藤 もう一つ大事なことがあります。GRM活動は、事業部と傘下の海外事業場が主人公であり、主体者となる仕事ですが、本部も、これまでの姿勢を大きく変えてもらわねばならない、ということです。従来の本部の業務姿勢は、総じて受身であり、待ちのスタイルであったので

はないでしょうか。そうなったのには、理由があったに違いありませんが、その姿勢を一旦ご和算にし、180度転換してもらわなければなりません。

　つまり事業リスクの解決というミッションに関しては、常に、現場が安心できる積極果敢な戦闘集団になる。そう覚悟していただきたい。TFDを取り巻く経営環境が大きく変わり、TFDの業績の低迷も続いており、好ましくないリスクも見い出されるようになっている以上、TFDの事業のあり方も態度、あるいは、そこで働く私達一人ひとりの仕事ぶりも変わらねばならない。

　事業部と本部は、異なる 2 つの組織システムに見えるかもしれませんが、それは単に便宜上のものであって、根っこにあたるTFD事業という観点から眺めれば、 2 つあってもその 2 つは不二であり一対です。まさに、コインの裏と表なのです。真の協働体として生まれ変わらねばならない。そうお願いしたいと思います。

任せて任せず

伊藤　次に、「17の主要ポイント」を踏まえた「TFDグループ全社のGRM体制図」（イメージ）（図表 2 -⑥）です。この図は、イメージの枠を出ておりません。この図では、各事業場にGRM体制が設置されることになっております。しかし、果たして、全事業場にGRM体制を敷く必要があるのかどうか分かりません。親元事業部と傘下の海外事業場に要・不要の第一次判断をしてもらう予定です。

　　　但し、不要の判断をする場合には、その理由を聞く予定です。事業現場だけの判断で決定するとなると、これまでの自主責任経営のあり方を踏襲した旧態依然としたスタイルになってしまいます。現場に任せきりにせず、本部としても検討と決定の過程に参加して納得した後に、事を進めるようにしていきたいと考えております。

佐藤　そうですね。「任せて、任せず」の姿勢が良いでしょう。GRMは全く

の新規事業です。事業部を核とし主体者とする自主責任体制の事業とはいえ、本部が第二義的な組織であるという見方は誤っています。2つの組織は、単に、与えられている使命が異なるだけです。あくまで、事業場側の考えをまずは素直にあるがままに受け止めていくよう心掛けたいと思います。

　しかし、放任という責任放棄的な態度なり姿勢であってはならないのです。山下副社長、いかがでしょうか。

山下　図表 2 -⑥は、TFDというよりも、むしろTFグループ全社のGRM体制図と置き換えても構わない出来栄えだと思います。ブランクになっている事業場に配置予定のGRM体制ですが、今の時点では、その中身は分からない。今後、その中身が決まる。体制自体も設置されない場合もある。

　いずれにしても、決めるのは主体者としての事業部であり傘下の海外事業場です。それでよいと思います。どの事業部になるかは知りませんが、先発隊となる事業部は、それに続く事業部の参考モデルケースになるはずです。本部は、先発隊となった事業部からアドバイスを求められるかもしれません。そのときには、"人を見て法を説け"の諺にしたがってアドバイスしてやって下さい。本部がアドバイスしてくれることが分かれば、他の事業部からも同じようにアドバイスを求められるようになると思いますよ。つまり、従来の本部の特徴であった待ちの業務態度ではなく、積極的に事業に首を突っ込む本部に変わろうとしていることが分かるからです。

佐藤　つまり「自主責任経営の基本理念はそのままにして、事業部が行うべき業務のある部分を変える。」ということですね。山下副社長もそういう理解をしておられるなら、心強い限りです。大半の事業部長がそういう理解に傾いてくれればよいのですが……。

佐藤　ところで、伊藤部長、2月上旬に予定されている事業部長会議の場で、GRM構想を説明してもらえませんか。

　この会議では、次年度事業計画の承認を与えることになっています

が、その際、事業計画の内容と事業リスクの連動を図るよう正式にお願いします。GRM計画には、現時点で想定されている事業関連リスクを事業分自己判断で分類し、その解決方法を記載されることになっています。

各事業部のGRM計画に基づくヒアリングを実施し、リスク毎の対応を検討
～本部による積極的なサービス提供を～

佐藤 4月1日付でGRMがスタートした後、伊藤部長をリーダーとする本部GRM体制（「本部GRM体制」又は「本部GRMチーム」）を事業部に派遣するか、もしくは、事業部のリスクマネジャーに来てもらうか、あるいは、テレビ会議等を通じて、リスク計画書に記載されているリスクの内容について意見交換をしてもらいたいと思っています。

　厄介なリスクを抱えている事業部があると聞いていますので、そうした事業部からは本音の話を聞くことができると思います。そうした事業部は、積極的に助けてあげて下さい。どの事業部が困っているのかは、伊藤部長にも情報が入っていると思います。必要なら、有能な法律事務所等にも協力を仰ぎ、スピーディに成果を挙げてもらいたいと思います。良い成果が挙がれば、他の事業部に好ましい波及効果をもたらすに違いありません。

山下 事業部の課題解決のスピードも鈍ってきているとの感じがしております。この点、社長の考えはどうでしょうか。

3つの遅いは論外！

佐藤 TFD着任直後の対事業部長・本部傘下職能部門長会議の席でも触れましたが、今日のグローバル経営環境のもとでの事業推進で、何が最大の問題かといえば、遅いということです。私達一人ひとりも、真剣

に考えなければならないテーマです。解決に要するコストの多寡も無視できません。

遅い中身は、

・意志決定が遅い

・アクションが遅い

・したがって、解決が遅い

といった、3つの遅いでしょう。この3つの遅いは、TFDの最大の問題であり最大の罪悪だと僕は思っています。中国の孫子の兵法の中に、"兵は、拙速を尊ぶ"というのがありますね、本当にその通りです。今の時代、特に我々のような民生用電気電子機器の世界では、遅いというのは罪悪です。何事をするにも、スピード感が必要です。早く対処すれば、途中での軌道修正が可能です。このことはGRMにも当てはまります。思考の深掘りは大事ですが、遅いというのとは別の話です。

事業部長の意思決定にもスピード感が不可欠

佐藤　TFD傘下の事業部も、事業部長がOKを出さない限り、事が前に進まないという状況かと思います。事を決するに当たって慎重であるというのは悪いことではありません。ですが、慎重というのはよく観察すると、決断の後回しではないかと疑われるときがあります。今の時代、解決の後回しは良くない結果に結びつくことが多いように思います。具体的な事例を示すことはできませんが、社会や市場は、開発、生産、販売、サービスの全てにおいてスピードを重視していると思います。GRMが、事業部長の決定スピードを上げることに貢献できれば、大きな成果となるでしょう。山下副社長、伊藤部長も、こうした点、お考えいただきたいと思います。

山下　承知しました。

大至急、事業部長訪問を！

佐藤 それから、念には念を入れておきたいと思います。事業部長会議に先立って、事業部長一人ひとりを直接訪問して、GRM構想の要点を説明しておいてくれませんか。

　説明の過程で、意見も出るし、質問も出ることでしょう。実は、そのことが目的です。事業部長会議の場では、出る質問も出ない可能性濃厚です。忌憚のない意見を個別に聞き出し、その場で応えられるものは、全て、伊藤部長から応えておいて下さい。

　GRMについての誤解を取り除いたうえで事業部長会議で、私達の説明を聞いてもらいたいと考えています。創業以来の自主責任経営の考え方とそれを具体化している事業部制のもとで責任を果たしている事業部長の中には、今回のGRMの考え方が旧来の事業部制の考え方にマッチしないと誤解する事業部長がいるかもしれません。本部が持つ能力について十分には承知していない事業部長もいるかもしれません。これまでの本部とは違う点、知ってもらうことが必要です。

〈定例取締役会〉

定例取締役会始まる

　3月25日、午前10時、定例取締役会で、本件は、第1号議案「当社（TFデバイス株式会社）及び当社の子会社、関係会社の経営の正しさを確保するためのグローバル・リスクマネジメント（「GRM」）導入の件」として付議された。

　取締役会には、社外の取締役が出席していた。産業界は異なるが、若かりし頃、某青年会議所の会員として、創業者の講演会や談話の機会に何度も足を運んだとされる二瓶晋也氏（現在、関西の大手製薬メーカー、SS株式会社の代表取締役会長）である。

冒頭、会議の議長を務める佐藤社長から話があった。

佐藤　本日の取締役会議に先立ち、一言申し上げます。

　　　我が国のバブル経済が崩壊し、直後に始まった米国主導のグローバル経営の時代ですが、今になってもその勢いは衰えることなく、進化し続けております。さらに、そうした世界に、ここ数年前から、世界の政治と国家安全保障という名の軍事情勢が大きく変化してきており、その２つが、私どもの企業の経営を、より一層不安定なものにしています。つまり、事業を取り囲むリスクが、多種多様、かつ、広範に広がっているということなのです。こうした傾向は、当面収まることはないだろうという見方が大半となっています。私も、そのような考え方を持っております。

　　　このような不確定・不安定で流動的な経営環境のもとでグローバルな事業を展開し、さらに強化しようとしているTFDとしては、これまで以上に会社の経営力を高め、また、私達社員一人ひとりが衆知を集め、一致団結しながら、事業リスクに立ち向かわなければなりません。

　　　以上のような判断を下した結果、本日の取締役会の議案の一つに、国内外のTFDグループ事業活動から生じる事業リスクのマネジメントを行う「グローバル・リスクマネジメント（「GRM」）」構想とその運用を上げ、付議しております。

リスクは拡散している

佐藤　リスクといえば、それは悪いもの、無くすべきものといった捉え方をする向きがあります。しかし、リスクというのはそれ自体、特段に、"好いもの"とか"悪いもの"といった色が付着したものではありません。リスクは、不確実なものを意味しているだけです。むしろ、リスクは、ビジネスチャンスでもあるのです。

　　　しかしながら、リスクは、そのまま放置したり、あるいは適切な対

策を採らないと、事業に悪い影響を与えたり、事業を危機（クライシス）に陥れるようになることがあります。また、以前であれば大きな問題とはならなかった行為が、現代の風潮からすれば、違法もしくは不正、あるいは不適切と思われるものもあります。つまり、リスクというのは、時代環境、国や地域の環境、価値観の違いに応じて変わるものだということです。

リスクマネジメントは喫緊の課題

佐藤 こうした環境のもとで、私たちは経営をしており、かつ、事業リスクに向き合っているという事実を改めて自覚しなければなりません。その自覚を前提に、TFDは、企業グループ全てが、事業リスクを、素早く、かつ隈なく発見していくGRM活動を、日々の業務プロセスに落とし込みたいと考えております。GRMは、TFグループとTFDの正しい経営を、さらに前進させてくれるものであると考えております。

佐藤社長の話が終わったところで、社外取締役の二瓶晋也氏の手が挙がった。

二瓶 社外取締役の二瓶晋也です。

昭和初期の創業以来、TFグループは、経営の手法として、製品別の独立採算による自主責任経営、すなわち、製品別事業部制が採用されてきたと理解しております。TFDは、TFグループの一員であり、同様の制度と仕組みをお持ちです。

先程提出されましたリスクマネジメントの導入事案についてなのですが、相当の長きにわたり採用され定着していると思われるTFDの自主責任経営と、今般、新たに導入が予定されているGRM制度の整合性はどのようにして取られるのか、その点をお訊ねしたいと思います。

といいますのは、実は、我が社も、社長以下重役が、近くリスクマネジメント制度を取り入れようと構想を練っている状況です。彼らに

は、TFDさんが同じようなことを予定されているので、是非、一度訪問してその知識と知恵を伺ってきてはどうかと申し伝えておるのです。

自主性なきところ、形骸しか残らない！
～"仏作って魂入れず"になっていないか？～

二瓶 しばらく前のことになりますが、御社でも、社内業務の効率性や正しさを確保するため、それに必要な社内規程や規則、あるいはその業務プロセスを整備するという、米国発祥の内部統制の仕組みを導入する準備作業を、かなり長期に亘ってされたと思うのです。米SOX法とその日本版といわれた J－SOX法に定められた内部統制作業のことです。

　我が社の場合、この内部統制を導入するために１年をかけた準備作業と準備作業終了後の１年の試行期間、並びに本格的実施に移行した期間、に生じたのは、本社（旗振り役）と現場事業場（作業部隊）間の不満・不信の大きさです。

　会長の私が言うのはどうかとも思うのですが、米国原産の内部統制は、やや一律に押しつけ過ぎたのではなかったかということですね。押しつけ過ぎの過程で、我が社の自主性とか自律性といったものが発揮されなかったのです。

　もちろん我が社の財務報告は以前よりも良くなったのかもしれません。しかし、その過程で損なわれた本社スタッフ部門と現場のライン部門間との信頼関係は、小さかったとは思えません。あの作業は、我が社の強みである自主・自立の意志や判断に基づいて進められたというよりも、内部統制の専門家という看板を掲げた外部コンサルタントの指導といったものが支配したとの印象が強かったと思います。

　ですから、現場の意見なり反論といったものが、十分には聞き入れてはもらえなかった、あるいは、聞き入れてもらえるような空気では

なかったという意見が結構多かったですね。

　旗振り役の本社も、そうした雰囲気の中、現場との調整機能を、十分には果たせていなかった。何だか生き生きとした野武士的な雰囲気がなくなっていきつつあると感じてはいたのですが、業務執行から距離を置いた会長という立場でしたから、口を出さないようにしていたのです。私の事業部制観は、「事業経営の実践は、事業部が責任をもって徹底し、適切妥当な利益を確保する。本社は、①全社にかかわる事案処理とその結果の周知徹底、回事業部からの依頼事項の処理、⑦複数事業部に跨るさまざまな利害関係の調整、の３つ」というものですが、今でも、基本的にはその域を出ておりません。

　前置きが長くなり、すみません。

二瓶　さて、それらを踏まえて私がお訊ねしたいのは、次のことです。

　グローバル・リスクマネジメント（「GRM」）という新規プロジェクトを進める際、本部と事業部の関係はこれまでと今後とはどのように異なるのか。

　また、その変化は、経営成果という観点から見て、どのような意味があるのか。その２点についてご説明願いたい。

　取締役会議長の佐藤社長は、二瓶氏の発言に謝意を表したのち、発言に対する回答者として、この取締役会で、日常のGRM活動を主導し調整する「リスクマネジャー総括（「CROM」）」のポストに就く伊藤法務部長を指名した。

伊藤　ご指名がございましたので、本日の付議事項であります、当社のGRM、並びに、GRM活動を具体的に動かすGRM体制につきまして、私の方からご説明させていただきます。

　二瓶様ご指摘の通り、TFグループの企業集団の一つでありますTFDもTFグループの経営基本方針の一つである製品別の事業部制を採用しております。製品の開発、製造、販売、サービスのすべては、基本的に、TFグループの自主責任経営の考え方を踏まえた事業部におきまして実践されております。多くの関係先様の協力のお陰を持ち

まして、これまでのところ、概ね、満足のいく経営成果を挙げること
ができており、深く感謝申し上げます。

　私の個人的な理解ではありますが、製品別事業部制は、企業成長の
エンジンとして有効な制度であり、ある経営環境のもとで、また、そ
の環境に大きな変化が生じない限り、これに勝る制度は、簡単には見
つけられないのではないかと思っております。

　特定の製品あるいは製品グループに対し、技術力、資金力、販売力
などを含めた会社の総合的な実力、すなわち、経営力を的確に把握
し、その経営力の範囲で事業をやっていく。そうした経営のあり方
は、非常に優れたビジネスモデルの一つであると理解しております。
しかし、この製品別事業部制という経営のあり方も、いつの時代、い
かなる環境下においてもベストかと訊ねられますと、そうでないかも
しれないと感じるときがございます。

事業部制は、社外のみならず、社内での競争を促す
～時代的に、長所となり暗所ともなる！～

伊藤　自主責任に基づく製品事業部制の場合、事業部の競合相手は他社だけ
　　　ではなく、グループ内の他事業部も含まれます。TFグループは、社
　　　内各事業部による競争は大いに結構。強い事業部が勝つ。それでよい
　　　といった方針を長く堅持してきました。

　　　しかし、この考え方もあり、事業部は、事業部内の情報を他に開示
　　　するというマインドを弱めてしまいました。良い情報も悪い情報も、
　　　特段の例外を除き事業部内での処理を最優先してしまう。そしてそれ
　　　はいつの間にか、それが事業部の体質となり、DNAとなり、風土と
　　　なった。周辺からすれば、それが、事業部組織の壁になったのです。
　　　ある意味で事業部が村社会化したともいえるのではないでしょうか。

　　　ときには、組織の壁を越えて、リスク情報が本部等に伝わる場合も
　　　あります。ですが、以前であればともかく、近年のIT化の社会にお

いては、それでは遅い、遅すぎるということになります。

　昔から、「経営に悪い情報は早く」と言われておりますが、「経営に悪い情報は、間髪を入れずに」という言い方になるかと思います。何せ、情報の伝達は、「瞬時に、世界中に！」というのが今日の姿です。

事業部が行う業務のあり方を変えるのがTFDの喫緊の課題！

伊藤　事業部がこれまで採用してきた業務推進のあり方を、一部変更したいと考えております。本日の取締役会に付議しておりますのはその件です。一言で申しますと、GRMの考え方をTFDグループの事業経営に導入するということです。

　GRMの考え方とは、TFDグループの事業に関連して派生する諸々のリスクを、事業部と本部それぞれの自主責任を基本としつつ、事業部と本部の2つの組織が、適宜協働することを通じて、適切にマネジメントし、事業部が立案した事業計画の達成にとって受け入れ可能な最善の形で解決していこうとすることです。協働は、特に、事業部及び事業部傘下の海外事業場の自主責任経営を、効果的に補完するためのものです。従来、事業部が概ね単独で行っていた事業リスクの解決を、本部が持つ知見や知恵を活用し、本部と共に行うという形態が協働の基本的な考えであり、その具体的なあり様なのです。

　このような協働の姿がその典型であるのですが、GRMは、政治・経済、あるいは国家安全保障のあり方が激変している今日の状況に柔軟に対応できるよう、TFDグループに属するあらゆる組織や個々人が持つ知識や見識、経験知等の衆知を結集しつつ運営される全社的な活動を目指していると申せます。

本部の職能部門も一大変革が求められている！

伊藤　GRM活動形態の内、協働を例として取り上げ、TFD事業部経営のあ

り方の一部変更についてご説明致しましたが、協働をより効果あるものにするためには、本部並びに本部傘下の各職能部門の業務姿勢にも、大きな変革が必須と考えております。改革の必要性につきましては、佐藤社長も同様の認識を示しておられ、本日の取締役会の直前にも、本部による業務態度の変革の内容如何がGRMの意義と有効性を左右するのではないかとのご意見を伺っております。要するに、本部には本部なりの理由はあろうが、これからの本部や本部傘下の各職能部門は、これまでの受身的で待ちの業務姿勢を一旦ご和算にして、事業部が抱えるリスクのマネジメントに積極的に関与し、その解決に寄与するという姿勢に転換してもらいたいという気持ちを持っておられるということです。事業部に事業部組織特有の組織の壁ができてしまったように、意識すると否とにかかわらず、本部傘下の職能部門にも各職能部門固有の組織の壁が築かれてしまっている。そうした壁は、直ちに意識的に壊し、事業部門が抱えるリスクの早期解決のために、本業に利益責任を負っている事業部の労苦に寄り添い、事業部プラス本部という協働を通じて事業部を助け、事業部とTFDがともに受け入れ可能な解決を見出せるようにしてもらいたい。そういう趣旨です。

　ここで伊藤は、TFDの実態と今後予想されるリスクについて掘り下げて説明することとした。

リスクの中には、事業部で生じたものであっても全社に関わるリスクである場合がある
〜規範違反や品質不具合に関するものはその典型！〜

伊藤　今日、企業行動の過程で発生するリスクは、その企業全社で解決すべきものが多くなっています。これまでは事業部で対応できていたリスクも、企業全体の問題として扱わなければならない。また、そのようにしなければ社会が受け入れてくれないといった風潮が支配的かと思

われます。

　例えば違法行為、不正行為、企業倫理上問題ある行為等、その大半は、単なる一事業部のリスクとしてではなく企業としてマネジメントし解決しなければならなくなっています。

　つまり、企業全体の問題として対応し、経過と解決策を社会に対して公にするということが社会的な要請となっており、また、そうすることが、企業の社会的な責任であろうと考えます。この場合の社会というのは、20世紀においては、国内であり、一部特定の地域に限定されていましたが、今日では世界でありグローバル全域と考えなければならなくなっております。

悪い情報も一夜にして世界に知れ渡る

伊藤　例えば、ある国で生じた製品の不具合問題の解決のために、顧客と和解契約を結んだと仮定します。数カ月後、同一もしくは類似の原因で、他国で同様の不具合が発生した場合、他の顧客と結んだ締結済みの和解契約の合意の内容を上回らない条件で他国の顧客と和解契約を結ぼうとしても、それが困難となるかもしれません。考えられる理由として、状況によっては、政府機関に開示が要求されている場合や、マスコミに知るところとなる場合があるかもしれませんし、あるいは、何らかの理由で社外へのリークが生じる場合もあり得るでしょう。

　契約製品が製造物責任訴訟の対象物である場合等、被害者の救済を社会的な正義にかなって適っていると考える専門家達もいます。また、ある地域・国で惹起した不具合やその他のリスクが、その国や地域では大きくは紹介されていなくても、別の国や地域では大きなニュースとして採りあげられたことにより、一夜にして世界中に知れ渡るところとなり、想定外の損害賠償の請求となるようなリスクがないとはいえません。

伊藤　以上のような現象は、グローバル社会のほんの一例に過ぎません。要するに、今の時代、ある点で起こった出来事は、瞬時に全世界の知るところとなると考えなければならないということです。社会や市場は、グローバルに一つであるという認識のもとで、事業経営を考えなければならない。したがって、事業経営の過程で派生するリスクについては、当該リスクを発生させた事業がどこであれ、

　　イ　速やかにTFDグループ企業すべてに、適切に共有される

　　ロ　そのための合理的なルールを策定する

　　ハ　ルールに基づいて運営される仕組みを設ける

　　という 3 点が不可欠になると考えます。しかも、これら 3 点は、グローバルに展開され、継続していかねばなりません。

　　発生したリスクの対応が遅れたり、あるいは、その場しのぎの一過性の処理で済ませようとしたり、あるいは、リスク発生を隠蔽する意図はないとしても隠蔽の疑いを持たれたりすれば、それだけで極端な企業価値の減少やTFグループ全体のブランド価値の毀損を引き起こす原因になっていくと思います。製品の不買運動というのは、その一例です。

　　TFDの成長を牽引するエンジン役を担ってきた自主責任経営の良さは、今後ともしっかりと維持すべきなのだと思います。しかし、事業から派生するリスクに関しては、その対策や解決を当該事業部の自主責任に一任するのではなく、本部と事業部が協働して解決を図るべきです。そのような本部プラス事業部で構成されるGRM体制を新たに設けようというのが、今回のGRM体制なのです。この構想を、本日の取締役会で提案させていただいております。

　そして伊藤は、もっとも肝となるGRMの考え方を話し始めた。

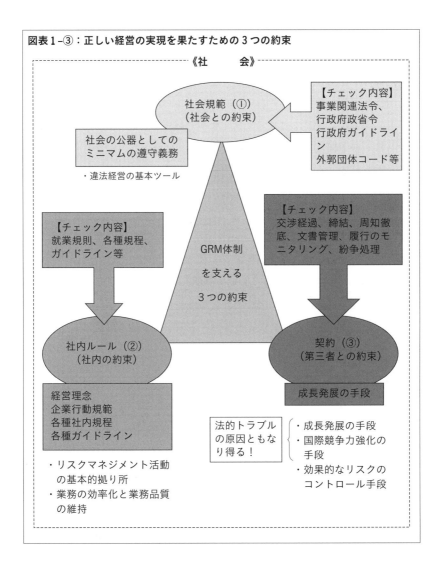

図表1-③：正しい経営の実現を果たすための3つの約束

《社　　会》

社会規範（①）
（社会との約束）

【チェック内容】
事業関連法令、
行政府政省令
行政府ガイドライン
外郭団体コード等

社会の公器としての
ミニマムの遵守義務
・違法経営の基本ツール

【チェック内容】
就業規則、各種規程、
ガイドライン等

GRM体制
を支える
3つの約束

【チェック内容】
交渉経過、締結、周知徹底、文書管理、履行のモニタリング、紛争処理

社内ルール（②）
（社内の約束）

契約（③）
（第三者との約束）

経営理念
企業行動規範
各種社内規程
各種ガイドライン

・リスクマネジメント活動
　の基本的拠り所
・業務の効率化と業務品質
　の維持

成長発展の手段

法的トラブル
の原因ともな
り得る！

・成長発展の手段
・国際競争力強化の
　手段
・効果的なリスクの
　コントロール手段

GRMの基礎は3つの約束！

伊藤　GRMは、社会規範、社内規範、第三者との契約から構成されている
　　　3つの約束（図表1-③）という考え方を基礎において構想されてお
　　　ります。

　GRMの日常活動も、３つの約束を基層において、事業に関わるリスクを発見し、発見されたリスクを分析し、当否を評価・判断し、最後に解決策を選択するという一連の作業から成っております。

　３種類の約束は、それぞれのカテゴリーに含まれている一つひとつの要素が、状況に応じてコンプライアンスの対象となったり、あるいは、事業推進のツールとなったり、あるいは、お客様を含む個人や各種組織等とのさまざまな関係をつくりあげたり、あるいは、関係を解消する等の役割を果たしています。

　また、３つの約束は、頻繁にその内容や解釈を変化させているため、TFD側による変化対応が常に必要な生き物に相当します。その意味では、３つの約束自体がリスクだといえるのです。

　TFDは、グローバルに事業を展開しておりますので、３つの約束もグローバルにウォッチしておかねばなりません。３つの約束で重要なことは、それ自体がビジネスチャンスとして活用可能であると点です。

　一例を挙げますと、社会規範の中に含まれている知的財産権は、ITメーカーの巨大な収益源になっています。単なるコンプライアンス対象だけではありません。３つの約束をどのように捉えるかは大きな事業戦略の一つだと思われます。つまり、３つの約束を基礎とするGRMは、TFDグループ経営の成長と発展に欠かせないものであるということです。

GRM活動は、GRM規程と通達によって規律される！

伊藤　GRM活動は、日本文と英文の２種のGRM規程と日本文と英文の２種のCREO通達という２つの社内ルールによって規律されるのを基本とします。また、これらのルールに日本文と英文の２種の社長通達が加わる場合があります。GRMを規律するルールは、これ以外にはありません。

　しかし、GRM活動を展開していく過程で、GRM規程制定時には予想されなかったようなリスクが生じることがあることでしょう。その場合でも、第一義的には、GRM規程や通達の内容と趣旨に沿っての運用と解釈を心がけるようにしたいと考えております。

　また、運用や解釈は、極めて保守的になされる必要があります。拡大解釈とか自由な推量・推測といった裁量を認めないよう注意してもらわなければなりません。どうしてもGRM規程や通達に基づいては判断が困難ということが生じたときには、CROM本部GRM体制のいずれかのメンバーに、メールなり電話を掛けるなりして判断を仰いでもらいたいと思います。

　また、GRM以外にも、情報セキュリティ管理規程や安全保障貿易管理規程、環境保護規程、品質管理規程等の社内規程が制定されています。各社内規程はGRM規程に矛盾するものではありません。関係者は、それぞれの規程にしたがって責務を果たさなければなりません。

グローバル・サプライチェーンにおけるGRMの必要性と重要性

伊藤　さて、二瓶様のご関心は、GRM体制の中で、本部と事業部が担当する役割は何かという点だと理解いたします。

　TFDのデバイス事業をささえている国内外のサプライチェーンを例にしてご説明いたします。

伊藤　近年、社会環境、経済環境は激変しているのは周知の通りです。その変化は、収まるところを知らず、姿、形、中身を変えながら、未だ終わることなく続いております。

　デバイス市場も大きく変化致しました。価格、品質、納期という従来から重要視しておりましたこの３つの要素は、以前に比較し、さらにお客様からの要望は厳しくなり、取引条件も、法外でなかろうかと

いうレベルに至っているところもございます。

　加えて、デバイスを構成している個片の生産拠点をより一層コストダウン可能な国や地域や税法恩典のある特区に移転、しかも、当該地域で採用する地域従業員の能力や、物流コスト等々、総合的に勘案し直すということを繰り返して参りました。

　その結果、今では、概ね3要素を充たす欧州、アジア、中国、中南米等にまたがる地域と場所に、サプライチェーンとしての個片生産の拠点を整備・再編できた状況となっております。

　しかし、お客様からの取引条件が厳しいことには変わりありません。このサプライチェーンに属する企業にはTFDの海外事業場も相当数含まれておりますが、独立した第三者企業もございます。

　調達先が、このような地域的な広がりを見せております理由は、各事業部の関心事項が、コスト、品質、納期の3要素だけに絞られていたからです。この3点以外の心配事項や考慮事項は、全くないとはいえないものの、それほど大きな問題ではなかったということです。3要素を充たしさえすれば、デバイス完成品の生産には問題がなかったのです。

　しかしながら、昨今のリスクは、この3要素だけではありません。戦争、テロ、鉱物資源、若年違法労働等、これまでとは異なるリスク要素を考慮しながらのサプライ（供給）を検討しなければなりません。

　さまざまな角度からみた国家安全保障という観点からのサプライチェーンのあり方も、迅速に考えなければならない状況になっています。ということは、サプライチェーン対象国の政治状況、経済状況、法の支配の状況、労働市場や環境の状況等、従来、私達が重要なリスクとして念頭においていなかった要素が、新たに重要視しなければならなくなったということです。従来の比較的単純であったサプライチェーン・マネジメントのあり様が変わったということです。

　産業界での検討課題にもなっておりますが、TFDとしても、急遽、

サプライチェーンの中身を真剣に精査し、対応しなければなりません。もちろん、こうした事態は、何もTFDに限ったことではなく同業他社でも同じことだと思われます。新たな事業リスクの誕生です。

サプライチェーン・リスクのマネジメントは誰が主体的に行うのか、事業部か、それとも、本部か?

伊藤 GRM体制が設置された後、今述べたサプライチェーン・リスクをどの組織が、主体的に取り上げ検討していくのかという点について申しあげます。先程にも触れたかと思いますが、重ねてご説明いたします。

　GRM体制が設置された後でも、海外事業場を傘下に持つ各事業部が担うことになります。それは、事業部が収益責任、利益責任を負う組織体だからです。

　では本部及び本部傘下の各職能部門の役割とは何か。それは、各職能部門から生じ得るリスクを主体者としてマネジメントし解決することと同時に、本部のGRM体制のメンバーとして、事業部を支えることです。支える方法は、事業部との協働ということです。事業に関わるリスクの解決は、事業部が主体者であり、本部ではありません。

　この意味では、GRM体制が設置さえた後でも、事業部による自主責任経営という形は変わりません。しかし、これまでと明らかに異なるのは、従来、事業部が事業部単独で解決しようとしていた事業リスクを、単独ではなく、本部との積極的な協働で解決していくという点です。つまり、事業部は、事業部の中に、適宜適切に、本部が持つ専門性を都合よく取り込むということでしょうか。また、本部も、これまでの仕事に対する取組み姿勢を大きく転換し、自分たちが蓄積した専門能力を事業部に積極的に売り込み、事業部の苦労を共有する。そういった心魂で事業部との協働を図ってはどうかと思っております。

TFD事業に影響を与え得る情報の収集と分析は、本部主体者プラス事業部補助者の協働が適切！TF本社の支援も必要

伊藤 今申し上げましたことを、欧州における環境規制に対する対応方法を例として取り上げご説明いたします。環境問題は社会との関係において、昨今のESG投資の観点から、再び脚光を帯びるようになっているのは、ご承知のことと思います。

　TFD製のデバイスも環境規制の対象となっているのですが、欧州発の環境規制の内容に関する欧州議会や欧州委員会の動きは、これまでのようにTFDの欧州の出先部門からの情報や我が国の業界団体からの報告書にだけ頼るのではなく、TFD本部に設置予定の本部GRM体制がリーダーシップを発揮して、必要な環境規制やその他欧州地域での経済、経営に関する情報を収集し、それらを関係事業部と傘下の海外事業場に提供していくという形になろうかと思います。

　もちろん、その場合であっても、本部GRM体制だけがその任務を果たすということにはなりません。本部の職能部門だけが、遠く欧州の情報を取りまとめるというのは、はいた靴の上から、かゆいところをかくということになりかねません。本部GRM体制の本件業務の進め方は、今少し時間をかけて検討しなければなりません。

　私としましては、この種のデリケートな法律情報の入手と解釈、解説には、欧州の専門弁護士の協力が必要だと思っております。また、親会社であるTF株式会社本社による支援や協力も得るべきであろうと考えています。このケースも、本部（＝主体者）プラス事業部（＝補助者）という協働のあり方で臨むのが合理的なのではないかと考えています。

　つまり、表向きは、関連情報の入手ということではありますが、GRMの将来展開という視点で捉えることにより、今後のTFD事業にもプラスとなるのではないかと考えております。

３つの約束がGRMのバックボーンであり、正しい経営か否か を判断する場合の基準となる！

伊藤 発見されたリスクのマネジメントをいかに行うのか、その判断の目 安・基準は、配布資料に記載の３つの約束（注２-１）です。

　リスク検討の過程では、リスクマネジャーをリーダーとする所定の チームで意見が戦わされ、その後、結論に至るかと思います。ただ、 検討の過程では、洗い出されリスクに関連する社会規範という約束、 第三者との契約という約束、社内規範という約束の中に含まれている 個別の項目が抽出される訳ですが、その作業は、本部GRM体制のメ ンバーである我々が、第一義的に行い、事業部リスクマネジャーの 方々に補完していただくというスタイルになろうかと思います。

　こうした作業は、両GRM体制による協働（collaboration）の第１ 工程です。協働は、GRM実践の初期段階では、頻繁に行われること になると予想します。

　事業部や事業部傘下の海外事業場の場合、社会規範の中身は、原 則、海外の法令等となります。その検索は、当地の弁護士の協力を仰 がなければできません。また、第三者と結んだ契約は、現地海外事業 場で締結した契約書を除き、法人としてのTFDが契約の当事者と なって結んだものが大半です。中には、TF株式会社が当事者となっ て締結する契約で、TFDが何らかの関わりを持つものがあるかと思 われます。私が承知しております契約といえば、親会社のTF株式会 社がフランスの某大手電機メーカー（「仏電機メーカー」）と締結して いた包括的な技術提携契約に基づいて、TFDが特定の仏電機メー カー所有の特許権をサブライセンシーとして使ってよいとされたもの です。

注２-１：３つの約束とは、㋑社会規範（例．主として、事業に関連する法律・規則等、㋺社内規 範（例．経営理念、行動基準、各種の業務規範等）、㋩第三者と結ぶ各種の契約の３種 類の規範を意味する。詳細は、本書第３章を参照のこと。

　いずれにしましても、構想されておりますGRMは、4月から具体的に開始されていけば、それがどういうものなのかが分かっていくはずです。これまでにないある種の新規事業ですから、初期段階では戸惑うこともあろうかと思います。ですが、GRM構想の基本の部分は、理屈や理論ではなく実務体験を踏まえて整理しただけのところが多いですから、半年もすれば事業部も海外事業場も共に、GRM活動の手順にも慣れ、これまでは事業の背後に隠されていたさまざまな事業リスクが表に出てくるのではないでしょうか。リスクの中には、当然、事業にとって好ましいものもあれば、好ましくないものもあるかと想像します。どちらのリスクも、事業推進にとって有意義なのです。

　佐藤社長が本会議の冒頭で申しておりましたが、このGRMは、最初から完全なものを目指すのではなく、スピードを落とすことなく、日に新たに、よりベターなものに進化させていかねばならない、と私も考えております。CROM候補となっている者として期待しますのは、佐藤社長が口にされた「よりベターなもの」という点です。近年のグローバルな社会・経済環境の変化の内容とスピードには驚かされることが多々あります。これらの内のいくつかは、つい先日までは予想もされなかったものではないでしょうか。それが今では、かつてない程、世界経済の足を引っ張る要因となるのではないかといわれるまでの巨大なリスクに膨れ上がっております。

　私は、できるだけ早い時期に、TFDのGRMの過程で、以上のようなリスクが祖上に挙がるようになって欲しいと期待しているのです。実のところ私は、このGRMはそうしたGRM活動になっていくだろうと予感しております。むしろそうならねばならない、と考えております。

　21世紀は20世紀後半以上に激しく変化に充ちた世界になると予想されていましたが、ここに至ってようやくその予言的なものが的中するのではないかと感じております。したがって、TFDグループの場合、佐藤社長がそうした予言の先頭に立っている訳です。正直、企業は生

き物、経営も生き物、社会も市場も生き物です。もちろん、人も生き物です。この世の全てが生き物です。人という生き物が行うGRMも、当然に生き物です。生き物であるGRMが正しい経営を支える有効な手立てとなるよう、衆知を集めながら、最善を尽くしたいと思っております。

　　　以上、伊藤がお応え致しました。

二瓶　詳細なご説明、ありがとうございます。説明を聞き、㋑TFDの自主責任経営とそれを体現している事業部制、㋺進化し続けるグローバルな経営環境、そして、㋩経営を支えるGRMの重要性、という３つの関係がよく理解できました。さらに、GRM構想を実践に移す場合の準備作業の大変さも理解できたように思います。私も経営者の一人として、昨今のさまざまな企業不祥事のこと、大いに心配しております。

リスク発生の原因追究に弱さを感じる！

二瓶　特に、その対応や対策が、抜本的なものにはなっておらず、その場しのぎの一過性のようなものになっている。つまり、行政機関やマスコミの追求を、とりあえず逃れることができればそれで良しとするような印象を受けるときが多いのです。それが証拠に、同じ企業が、同じことが原因なのではないかと感じさせる不祥事を、短期間の内に、再び引き起こしている。独断ではありますが、私はそこには以下のような原因があるような気がしております。

　　　㋑　企業組織というものに対する本質的な理解なり認識ができていない、かつ

　　　㋺　決定された物事に対する周知徹底の力、つまり、俗にいう総合的な経営力が弱まっている

　　　今述べた２点は、私の会社でも感じていることです。例を挙げますと、近頃、社内で行われる製品等の検査行程での不正といったものが

マスコミで頻繁に報道されておりますね。第1回目の不正発覚の際には、第三者委員会なるものを立ち上げ、本来であれば、当該企業の関係者が原因の追求と再発防止策を検討しなければならないのが筋なのに、そうしない。外部、しかも、世間では有識者として知られる有名人がそれを担う。その事業には素人の方たちも、随分おられるのではないでしょうか。

　そうした手法を取らざるを得ない理由もあるのでしょうが、どうも、責任放棄の印象が強いですね。後日、その委員会がマスコミの前に立ち、原因の説明をされ、解決策を紹介する。いくつかの質疑と応答がある。概ね、そうした手続きを経て、その事件と事故は世間的には終わりとなる。これで一件落着となれば良いのでしょうが、実は、その後しばらくして、再び、その企業が、同じような原因でマスコミの追求を受ける羽目に陥っている。

人間大事の経営観と米欧流経営観の調和
～和魂洋才の知恵が要る！～

二瓶　本日の取締役会用に配された資料にも、そして、伊藤部長の説明にもありましたが、私は、最近、企業というものを、組織、すなわち人の集団として見つめ直さなければならないと考えております。

　90年代のバブル経済の崩壊、その後、急速に始まった米国を中心とするグローバリズム。その本質は、アメリカナイズ化ですね。そのせいもあって多くのアメリカのビジネスモデルが我が国に入って来る。戦後同様、グローバル経営の考え方はアメリカが源流ですから、やむを得ないところもあるのです。しかし、このアメリカ化は、日本人が営々として築いてきた江戸時代中期以降の商売の考え方、経営の考え方、伝統の良いところも悪いところも、まるで、洪水の如く一気に流してしまったか、弱めてしまった。日本の伝統というのは、何といっても、「人間大事の経営」です。「製品を作る前に人を作る」、あるい

は、「物づくりは人づくり」という経営スタイルだったと思います。

　このような洪水で流された後を見ると、人が大事という思想が跡形もなく失われ、いつの間にかアメリカ的な制度や仕組み、例えば、何名の独立社外取締役がいるとかいないとかという監視的な仕組みが、突出して採り入れられ、我が国企業の経営のあり方を席巻している。

　私は、個人的には、佐藤社長や伊藤部長さんと同じく、アメリカ大好き人間ではあるのです。しかし、何でもアメリカというのは決して良いことではありません。和魂洋才でないといけないです。

　不正や不祥事を繰り返す企業の場合、社内コミュニケーションもITを駆使して情報が発信され、受信されているのでしょう。どの情報の受発信も、かつてのような方法でとはいえませんが、腹落ちしない事業リスク情報の往復運動等、企業として一体何の意味があるのでしょうか。不正リスクをはじめ、事業経営に悪い影響を与えるリスクは、その内容が何であれ、企業組織が部分的に腐っているということ警告している症状を教えてくれている証だと思うのです。腐った部分を治癒するならば、企業にとっての神経系統であるコミュニケーション機能の実情を総点検しなければならない。そう感じます。

　GRMをスタートさせても、想定外のことがグローバルに起こると思いますが、御社伝統の自主、自立の基本理念を再生産され、それをベースとして諦めずにやって頂きたいと思っております。期待しています。また、近いうちに、我が社のリスクの責任者を御社に派遣しますので、そのときにはよろしくご指導願います。

佐藤　二瓶様、貴重なお話を有難うございました。我が社のリスクマネジメントの実践に参考にさせていただきます。それでは、本日の第1号議案「GRM体制」の構築の件を付議いたします。付議の内容は以下の通りです。

　　1．グローバル・リスクマネジメント規程（「GRM規程」）を本年4月1日付で制定すること

　　2．GRM規程の適用範囲は、TFDの国内外の事業部、並びに企業

　　集団の全てとし、法人格を有する国内外の子会社と関係会社も、
　　本議案の内容に沿って速やかに承認手続きをとること

　3．取締役事業部長は、事業計画と関連するリスクの洗い出し及び
　　その対策を、常時、一体化させるべく、創意工夫すること

　4．取締役事業部長は、リスクマネジメント最高責任者と相談の
　　上、経営責任を有する国内外の企業集団（子会社、関係会社等）
　　の自主性を尊重しつつ、リスクマネジメントに関する指導と助言
　　を含む監督責任を果たすこと

　5．グローバル・リスクマネジメントの最高責任者（CREO）とし
　　て当社代表取締役副社長の山下利雄氏を任命すること。CREO
　　は、少なくとも 3 カ月に一度、当社GRMの現状について取締役
　　会で報告すること

　6．日常のGRMにおいて、GRM規程に基づき任命されたリスクマ
　　ネジャーと緊密に連携するリスクマネジャー総括（CROM）に、
　　法務部の伊藤俊政部長を任命すること。CROMは、CREOの補佐
　　役として、CREOと緊密に連携し、当社のグループ企業全体の日
　　常的なGRM活動の指導と助言を行うこと

　7．すでに存在する公正取引制度、情報管理制度、安全保障貿易管
　　理制度の基づくコンプライアンス活動は、GRMの観点から、
　　CREOの要請に適切にしたがうこと

　本議案の付議内容にご賛成の方、挙手をお願いいたします。出席取
締役全員の挙手により、議題は承認といたします。

<table>
<tr><td>第 2 節</td><td>グローバル・リスクマネジメントの実践</td></tr>
</table>

第 2 節　グローバル・リスクマネジメントの実践

　3 月25日に開催された取締役会で、TFDのGRMの実践が正式に承認された。実施は、4 月 1 日である。

　取締役会が終了した日の午後、伊藤部長は、佐藤社長とCREOに就任した山下副社長双方から了承済みの下記通達（日本語と英語）を関係者にメール発信した。

　　㋑　社長通達第 1 号　3 月25日付（図表 2 –⑦）

　　　　TFD全社　「グローバル・リスクマネジメント体制（GRM）」設置の件

　　㋺　CREO通達第 1 号　3 月25日付（図表 2 –⑧）

　　　　GRM開始に伴う関連資料と要請の件（添付資料を含む）

社長通達とCREO通達が日本語と英語で発信　GRM開始！

　2 つの通達を発信し、伊藤部長はGRMが無事スタートできたことに安堵した。

　しかし、4 月に入ると、GRM体制の内容やGRMの活動内容を、関係者を集めての第 1 回国内GRM会議が開催される。GRM発足後最初の会議である。

　この会議は、社内広報の意味を兼ねている。山下福社長は、3 月度の取締役会閉会直後にTFD本部の広報本部長に電話を入れ、最寄りのTFD社内報にGRM開始の記事を載せてもらえないかとの打診を行ったという。社内報に掲載された時点で社員全員がGRMのことを知り、GRM体制が設置されることを知り、全社員がこの活動の参加者であることを知ることになる。

　全社員の衆知を集めた経営を、GRMの世界でも実現したいという佐藤社長の思いが具体化する第一歩となるかもしれない。

　先般、社長は伊藤部長に次の言葉をかけた。

> 「伊藤さん、GRMの中心となる日常のリスクマネジメント活動の采配、よろしくお願いします。この件、TFDとしては、過去に経験したことのない初めての試みです。新規事業なのです。新規事業にはとにかく、勢いが大事です。頼みましたよ。創業者は、事業活動における宣伝・広告の大切さ強く訴えていました。いくら、良い製品を作っても、それを知ってもらわなければ、商品は存在しないに等しいと考えられたのですね（注2-2）。僕も、正しい宣伝や広報は、組織存続の基本的要素であるコミュニケーションの一環だと捉えています。」。

　社長の発言を受け、伊藤部長も2名の法務室長に対し、GRM活動の基層となる3つの約束とGRM体制を支える3つの基本的要素の2つの項目を、パンフレット的な一枚の用紙にまとめ、それに図柄を加え、日英両文で作成し、可能であれば、4月の第1回国内GRM会議の場で紹介してはどうかと伝えた。

注2-2：「メーカーの使命は、やはり何といっても真に人々の役に立ついい品物をつくることだと思います。それなくしては、生産者としての存在価値がないといえましょう。しかし、ただ良品を作ればそれでおしまいかというと、それだけではないと思うのです。そのことを何らかの方法で広く人々に知らせることが大切だと思います。……そこに広告宣伝というものの意義があるわけです。……こんないいものができた、これを何とかして知らせたい、そういうところから出てくる、まことに尊い仕事ではないでしょうか。……また、それとともに、広告宣伝をしていくということは、メーカーとしてその品物を販売する人々の意欲を湧きたたせ、その活動を助成するものだといえます。」（松下幸之助著『経営心得帖』（PHP文庫）「宣伝の意義」より）

図表 2 -⑦：佐藤社長通達

●年 3 月25日
TFD社長通達第 1 号

代表取締役副社長兼CREO　殿
代表取締役副社長（経理担当）　殿
取締役事業部長　殿
本部職能（スタッフ）部門長　殿
海外子会社（合弁事業会社を含む）責任者　殿

代表取締役社長　佐藤　重明

TFD全社　「グローバル・リスクマネジメント（GRM）体制」設置の件

　3 月25日、当社の取締役会において、かねてより検討中でありましたTFD全社のGRMを企画・推進を担うための組織、GRM体制を構築するためのGRM規程が承認されました。GRM規程は、4 月 1 日付で有効となり、GRM体制、並びにGRM体制本部も、同日付で、TFD本部内に設置されます。

　GRM体制は、山下副社長をGRM推進の最高責任者（Chief Risk Executive Officer：CREO）、本部法務部の伊藤部長を実務を総括するリスクマネジャー総括（Chief Risk Operating Manager：CROM）とし、今後TFD事業部から選ばれるリスクマネジャー（「事業部リスクマネジャー」）、並びに各事業部傘下の海外事業場から選ばれる海外事業場リスクマネジャー（「海外事業場リスクマネジャー」）（事業部リスクマネジャーと海外事業場リスクマネジャーを「事業場リスクマネジャー」と総称する）」、及び本部の各職能部門から選ばれるリスクマネジャー（「本部職能リスクマネジャー」）との協働作業を、適宜・適切に推進してもらいます。

　事業部リスクマネジャーと本部職能リスクマネジャーは、所属する事業部（傘下の海外事業場含む）並びに職能部門において、リスクのマネジメントを、それぞれ推進してもらいます。GRMに関わるすべての社員は、GRM規程の精神と条文に沿って、リスクマネジャーとしての任務を果たしていただきたいと思います。

　TFDグループは、TFグループの一員として、TF株式会社創業者が提唱された自主責任経営制度（autonomous management system）としての事業部制（divisional system）のもとで、今日までの成長と発展を見るに至りました。今後とも、この自主責任経営（autonomous management）という考え方を基本として、グループの経営を推進していかねばなりません。しかしながら、事業部制経営の精神は守り続けるとしても、昨今の経営環境の著しい変化にTFDが、正しくかつタイムリーに対応しようとしますと、個々の事業場の経営力だけを頼って事業を展開するのではなく、自主責任の基本は活かしつつ、本部（headquarters）の力を有機的に活用し、事業部（division）の力と本部（headquarters）の力を、これまで以上に結合させるという経営スタイルが望ましいのではないかと考えまし

た。例えば、製品ごとに持てる経営資源を投入し、特定のマーケットに製品とサービスを提供するという、事業部制の考えは、極めて効率的です。これはプラスの要素です。しかし、一方で、事業部の自主性（autonomy）が極端になりますと、それ自体が組織の壁のようなものになり、全社で共有した方が望ましい情報が、適時・迅速に伝達され難いといった事態が出てきています。

特に、その情報が、TFD全社の経営にとって望ましくない、あるいは、悪い影響を与え得るようなものである場合、その情報はいち早く全体で共有される必要があります。これは、事業部制というものの考え方が極めて保守的であったり、原理的に解釈することから生じるマイナス効果です。ある種の事業部の壁といったものが、そうした状況を作り出したように思います。21世紀は、情報の時代だといわれており、多くの情報をスピーディに共有し、同時に、いち早く選択するという作業が不可欠なのです。

私は、有形・無形の組織の壁は、全体として見た場合、さまざまな意味でのすき間（crevice、gap）を作り出すと考えています。実は、このすき間が、経営にとって大きな不確実性（すなわち、「リスク」）の温床になっていると考えています。リスクは、必ずしも悪いものとはいえません。リスクは、適切にハンドルすれば、大きなビジネス・チャンスに転換するはずです。リスクを回避するだけでは、企業は成長しないということです。しかし、発見されたリスクが、TFDグループにとって悪影響を与え得るものであれば、それは芽の段階で摘み取らねばなりません。一日でも放置しておけば、その芽は、またたく間に膨れ上がってしまい、処置がうまく行かなくなったり、処理に手間暇と膨大なコストが掛かることが十分予想されます。

このようにリスクには、両方の顔がありますが、私は、事業の過程（プロセス）が派生するリスクを、TFD全体で明らかにし、それらを、これまでのように事業部を核として処理（マネジメント）するのではなく、事業部と本部間に然るべき横串を通し情報の共有化と相互の緊密な協働（collaboration and cooperation）をベースとしてリスクの解決（マネジメント）を促して参りたいと考えました。共有化と協働の箱がGRM体制であるとお考え下さい。但し、協働の意味は、そこで時間を費やすということでは決してありません。協働を通じて、意思決定と選択、実践の3つのスピードを挙げなければなりません。今日、スピードは、TFDグループ経営の生命線です。協働を通じて、GRMの精度を挙げつつ、事業経営の品質を向上させる。結果、さらなるお客様満足を獲得する。そういうことを実現したいと考えております。

この実現のためには、経営に携わる経営幹部、社員全員、とりわけ、事業の責任者である皆様の協力が絶対的に不可欠となります。GRM活動に関与される方々全ての主体的な参画が条件となります。

TFD全社のGRM体制構築の趣旨を十分にご理解いただき、当社のGRMを徹底していただきますよう強く要請致します。

以上

写：代表取締役副社長兼CREO　山下利雄
　　本部法務部長兼CROM　伊藤俊政

図表 2 −⑧：CREO山下副社長通達

●年 3 月25日
CREO通達第 1 号

取締役事業部長　経由　事業部リスクマネジャー　各位
本部職能（スタッフ）部門長　経由　職能リスクマネジャー各位
海外子会社（合弁事業会社を含む）責任者　経由　海外事業場リスクマネジャー　各位

最高リスクマネジメント責任者（CREO）
代表取締役副社長
山下　利雄

TFD全社　「グローバル・リスクマネジメント体制」設置の件

　3 月25日、当社の取締役会において、「グローバル・リスクマネジメント規程」（GRM規程）が承認されました。同日付で、佐藤社長通達第 1 号が、関係者全員に発信されました（写添付）。

　これにより、以前から各事業において取り組まれているリスク処理対策が、TFDグループ全てを巻き込みながら、全社一体となって適切に調整・統合された取り組みとして、新たに開始されることになります。この活動を具体的に推進するのがTFD全社のグローバル・リスクマネジメント体制（GRM体制）です。佐藤社長通達にもある通り、社長も、この体制の成功に大きな期待をかけておられます。GRM体制の成否は、TFDグループ社員全員の力の結集に拠るものではありますが、その中でも、私達リスクマネジャーの責任は重かつ大であります。GRM規程を十二分にご理解のうえ、各自が担当される事業場におけるグローバル・リスクマネジメントのさらなる徹底をお願いします。

　なお、リスクマネジャー各位に対してましては、私からの「委嘱証書」を添付しております。各位、繰り返しお読みいただき、日に新たな気持ちをもって、リスクマネジメント活動を推進いただきたいと思います。

　各位の具体的な役割については、 4 月に予定しております、第 1 回国内GRM会議において、TFDリスクマネジャー総括（CROM）の本部法務部伊藤部長から説明させてもらいます。その際、合わせて、各位との意見交換を行う予定でおります。活発な意見交換をお願致します。

　「委嘱証書」の内容を承諾された場合、添付の「了解書」に電子署名のうえ、 4 月20日までに、CROMの伊藤部長宛メールにて返送をお願いします。

以上添付書類：
　　⑴「委嘱証書」（図表 2 −⑨）
　　⑵「職務履行確認書」（図表 2 −⑩）
　　⑶「グローバル・リスクマネジメント規程（GRM規程）」（図表 2 −⑪）
　　⑷ 3 月25日付　佐藤社長通達第 1 号（図表 2 −⑦）

図表2−⑨：委嘱証書

委 嘱 証 書

取締役事業部長　経由　事業部リスクマネジャー　各位
本部職能（スタッフ）部門長　経由　職能リスクマネジャー各位
海外子会社（合弁事業会社を含む）責任者　経由　事業場リスクマネジャー　各位

最高リスクマネジメント責任者（CREO）
代表取締役副社長
山下　利雄

写：各事業場長
　　リスクマネジャー総括（CROM）（伊藤法務部部長）

リスクマネジャーの役割（当面）の件

　TFD「グローバル・リスクマネジメント規程（「GRM規程」）」に則り、リスクマネジャーを委嘱いたします。リスクマネジャーとしての主要な職務は以下の通りです。
　なお、職務は、必要に応じ、との時々のCREO通達により変更される場合があります。
　また、職務に関しては、所属事業場長と十分な意志疎通を通じて相互の了解に基づいて推進願います。また、職務遂行上の課題が生じる場合には、随時、私CREO又はCROMに相談願います。本委嘱証書の内容を確認された場合、「職務推進確認書」に署名の上、可及的速やかに、CROM宛にメールにて返信願います。

1．リスク発生の未然防止

　日常の気づきを通して、所属事業場におけるリスクの洗い出しに着手し、リスクの発生を未然に防止する。

2．リスクマネジメントと解決

　事業場において洗い出されたリスクについては、基本的に、所属事業場の職能部門と協働で解決にあたる。リスクの内、新規のリーガル・リスクや、取扱いに困難を感じたり、疑義を感じるリスクに関しては、事業場内におけるリスクマネジメントを停止し、速やかに、CROMもしくは本部法務部に通知するものとする。解決のための情報交換、意見交換等を行い、TFDグループ全体における共通リスク・ナレッジの蓄積を行う。

3．リスクに関する情報共有化の促進

　TFD全社に関わると思われるリスクや複数の事業場に影響すると予想されるリスク（「波及リスク」）は、当該リスクが全社又は他の事業場において再び発生しないよう、関連する情報を、本部並びに事業場間で、積極的に共有する。本事業年度下期（10月1日以降）から情報共有化のためのITプログラムを導入するが、それまでの期間、CROMに波及リスクを

通知する。

　なお、特に、下記項目は、GRM規定に定める３つの約束の内の契約のリスクマネジメント（「契約リスクマネジメント」）と社会規範（特に、法令規則）のコンプライアンスの重点項目として取り組む計画である。

　　①　材等購入先、並びに請負先との取引契約に関わる事項
　　②　TFD製デバイスの品質リスク事項
　　③　中国にある海外事業場における正しい経営の促進について
　　④　贈収賄リスクマネジメント
　　⑤　国家安全保障に基づく貿易管理の再徹底
　　⑥　独占禁止法リスクの観点から、同業他社との価格自体、並びに、価格に影響を及ぼし得る事項に関する話合いや情報交換の完全な禁止

４．GRM規程に基づくモニタリング

　リスクマネジャーは、GRM規程に定める自主モニタリングを主導し、かつ、本部GRM体制が実施するモニタリングに関しては、当該本部GRM体制の要請にしたがい、最善の協力を行うものとする。

　上記に関する詳細については、第１回国内GRM会議においてCROMから説明します。

以上

図表２-⑩：職務履歴確認書

リスクマネジャー職務履行の確認書

CREO
山下　利雄　殿

【各自の所属部門の名前を記載】におけるリスクマネジャーとして、TFD「グローバル・リスクマネジメント規程」の規定並びに本旨を理解しましたので、委嘱証書に記載された職務を誠実に推進致します。なお、職務推進の過程で生じた疑問等については、独断での判断を避け、速やかに、CREO及び／又はCROMと相談の上、リスクのマネジメントを実践致します。

●年３月25日
（自署）

図表 2-⑪：グローバル・リスクマネジメント規程（GRM規程）

グローバル・リスクマネジメント規程
(Global Risk Management Regulations)

第1条　前文

　本「グローバル・リスクマネジメント規程」（英文では、Global Risk Management Regulationsといい、「GRM規程」又は「本規程」と称する）は、TFD株式会社（「当社」）の成長発展、並びに経営の効率性の向上を、以下に定める態様での正しい経営を通じて実現することを目的として定められる。

第2条　具体的な目標

　本規程は、以下の具体的な目標を掲げる。

(1)　当社のグローバルな事業活動（「事業」、若しくは「経営」）の過程で派生し得る、さまざまな不確実性（「リスク」）を発見し、分類し、かかるリスクが経営に与え得る利害を評価し、当該評価に基づいて合理的に可能な解決策を選択する。

(2)　当社の事業の過程で既に顕在化しているリスクを、合理的で可能な範囲と方法で解決する。

　上記(1)及び(2)の作業、並びに本規程第8条に定めるGRMモニタリングを、「グローバル・リスクマネジメント」（「GRM」）という。

　なお、GRM規程制定以前に制定・発効している他の規程、あるいは、それらの規程に則り設置されている制度や組織、或いは仕組みは、GRM規程の制定後、GRMの観点から、適切に整理・統合、若しくは調整されるものとする。その具体的な方法については、別途、社長若しくは社長が任命し、当社の取締役会で承認されるCREO（本規程第6条に定義）から発信される通達に定められる。

第3条　GRM活動の指針

(1)　GRMは、常に、TFDの事業戦略並びにそれを具体化する事業計画と有機的かつ効果的に連動させるよう創意工夫する。

(2)　顕在化した危機的なリスクは、速やかに解決し、予見されるリスクは速やかに分析・評価し最善の解決策の選択を行う。

(3)　GRMは、実務上、本部と事業部（傘下の海外子会社を含む）におけるGRMに大別されるが、双方のGRが適切・妥当と判断する横串を通し、両GRMの品質向上を図るべく、相乗効果を発揮する。

(4)　常に、GRM活動の迅速性と一貫性の確保を目指す。

(5)　各事業場におけるGRM活動に関する情報は、事業場という組織の壁を越えて、他の事業場と共有されるよう心掛け、もって、TFD全社のGRM活動の合理性と効率性を高めるものとする。

⑹　GRMの考え方と推進の方法は、TFD事業部（傘下の海外子会社を含む）における事業経営のかかわる意思決定のすべて、並びにリスクの抽出・検討・評価・選択という一連の過程（プロセス）に効果的にビルト・インされるよう工夫する。

第4条　リスク発見の切り口を示す3つの約束

リスクの発見と分類、及び発見されたリスクの評価等は、以下に示す3種類の約束（「3つの約束」）を基本の分類と判断基準として活用し、実施されるものとする。

⑴　社会との約束（例. 法律等の社会規範）

⑵　社内での約束（例. 経営理念、企業行動基準、各種の社内規程・基準、就業規則等の社内規範）

⑶　第三者との約束（例. 各種の契約）

第5条　組織の成長発展を支える3つの基本的要素

⑴　CREO、CROM、並びに各リスクマネジャーは、GRMに関してそれぞれが責任を負う制度や仕組み等の体制について、組織を構成する下記の3つの基本的要素（「3つの基本的要素」）それぞれを、常にベストな状態で機能させるものとし、その目的上、必要な創意工夫を怠らないものとする。

⑵　CREOとCROMは、第1項の目的上、適宜適切に、リスクマネジャーを通じてGRM体制の良好な機能性維持のための情報収集を行い、GRM体制の効率性と有効性を保つようにしなければならない。

第6条　GRM体制の運営とガバナンス

⑴　当社の社長は、当社の取締役の中から、TFD全社のGRMを担当するGRMの最高責任者（Global Chief Risk Executive Officer; CREOと略称）を1名任命する。但し、かかる任命は、当社取締役会による承認を条件とする。

⑵　CREOは、本GRM規程に基づき、TFD全社に関わるGRMの全てを執行する。当該執行には、以下が含まれる。

　　㋑　GRM規程の改訂の提案

　　㋺　GRM委員会の招集と統括：全社GRM委員会事務局の設置と運営

　　㋩　日常のGRM活動を統括するリスクマネジャー総括（Chief Risk Operating Manager、CROMと略称）の任命

　　㋥　CROMの役割の確定、並びにGRM規程に定めるCREO権限の一部をCROMに委任し、当該猪委任を随時取り消すこと

　　㋭　リスクマネジャーの役割と所要の権限内容の確定

　　㋬　TFD全社のGRMに関連する教育・啓発活動の統括

⑶　CROMは、CREOが要請するGRM業務、並びに、CROMが適切を判断する事柄を行うことを通じてCREOを補佐する。CREOの指揮・監督のもと、本部リスクマネジャー（以下に定義）と事業場リスクマネジャー（以下に定義）とともに、日常のGRM活動の実務を指導し調整し統括する。

(4) 本部職能部門から選ばれたリスクマネジャー（「本部リスクマネジャー」）、各事業部から選ばれたリスクマネジャー（「事業部リスクマネジャー」）、事業部傘下の国内外の子会社から選ばれたリスクマネジャー（「海外事業場リスクマネジャー」）は、各自が所属する事業場におけるリスクマネジメントを担当し、所属長である事業場長とよく相談し了承を得ながらリスクマネジメントを企画・推進しなければならない。「事業部リスクマネジャーと海外事業場リスクマネは、事業場リスクマネジャーと総称する。企画・推進の中には、所属事業場におけるグローバル・リスクマネジメント体制（「事業場GRM体制」）の構築と運営が含まれる。事業場GRM体制の企画・構築の際には、事前に、CREOとCROM双方に通知し、構想の概要を説明するとともに、CREOから承認を得なければならない。

(5) CREOは、社長の承認を得て、下記を目的とするGRM委員会を、本部内に設置する。

  ④　GRM体制のあり方の検討

  ロ　GRM規程の改訂の検討

  ハ　GRMモニタリング（以下に言及）の進め方とその内容についての検討

  ニ　その他、CREOが必要と判断する事項の検討

 GRM委員会は、委員長、副委員長、並びに事業場リスクマネジャーから構成される。委員長はCREO、副委員長はCROMとする。委員会は、原則的に、各事業年度の上期に1回、下期に11回の合計2回、及び、CREOが必要と判断した場合に、CREOにより招集され指揮される。

第7条　教育

(1) CREOは、GRMの理解と定着に必要と判断される教育啓発活動の全体を統括する。研修プログラムの策定並ぶに研修の実務に関しては、本部人事部門長と人事部リスクマネジャー、並びに、適宜CROMが補佐するものとする。

(2) 事業場リスクマネジャーは、CREOの指示と指導の元、担当する所属事業場におけるGRM教育活動を推進する。事業場リスクマネジャーは、適宜、CROMに支援を依頼することができ、CROMは、当該支援要請に対し、適切に応じるものとする。

第8条　GRM活動に対するモニタリング

(1) CREOは、GRM規程に則り、全事業場におけるGRMの取り組み状況を確認し、取組状況に対しての当否の助言を行い、かつ、必要に応じての是正を行わしめるため、随時、リスクマネジャーを通じて事業場におけるGRMに関する内部監視・監督等を目的とするモニタリング（「GRMモニタリング」）を行う。モニタリングを担当するチーム（「モニタリング・チーム」）のメンバーは、そのときどきに、CREOとCROMが協議のうえ、全リスクマネジャーの中から人選する。

(2) 実施されたGRMモニタリングの結果は、CROMが文書で作成しCREOが記載の内容を承認する（承認された報告書は、「GRMモニタリング報告書」）。

(3) GRMモニタリング報告書の写は、CREOから社長に提出される。CREOとCRCROMは、

当該報告書の内容を社長に説明する。

⑷　実施されたGRMモニタリングの内容は、他の事業場への開示不適切とCREOが判断した場合を除き、直近で開催されるGRM委員会において開示されリスクマネジャーにより共有されるものとする。

第9条　GRM規程のグローバル適用の推進と所要の変更

GRM規程は、TFDグループ全社に対し、可能な限り、グローバルな一律適用が期待されているが、海外事業場によっては、特段の理由又は事情により、GRM規程の適用が困難と判断される場合があるかもしれない。かかる場合、当該国、又は地域の事業場リスクマネジャーは、事業場長と相談の上、速やかに、その状況をCREOに通知し、該当するGRM規程」個所の修正・変更の可能性に関し、CREO並びにCROMと検討を開始しなければならない。かかる検討の結果、変更の必要ありとCREOが判断した場合、当該変更につき社長の了解得て、適切に変更されるものとする。但し、当該変更の理由や状況が消滅した場合には、GRM規程は、直ちに元の条文が復活されるものとする。

第10条　GRMの共通言語

GRMで用いられる共通言語は、特段の例外が認められる場合を除き、原則、日本語と英語とする。

第１回国内GRM会議の出席メンバーは、事業部の自主責任経営の責任者である事業部長と事業部リスクマネジャー！

伊藤部長より今回の出席者について次のような説明がされた。

会議出席者は、各事業部の事業部長及び事業部リスクマネジャーとする。本来であれば事業部傘下の海外事業場（関係各国で設立され法人格を有する子会社、又は合弁会社）のリスクマネジャーも出席すべきなのかもしれない。しかし、TFDの自主責任経営制度は、基本的に、TFDの事業部を、担当する製品の親元事業体と位置付け、その傘下に、各事業部が経営監督責任を有している海外子会社が配置されるというものである（図表２−①）。

４月１日以降は、事業部の本業（ビジネス）と事業リスクは一体であり、本業と関連事業リスクの２つは、事業部が経営（マネジメント）し解決しなければならない。

したがって、少なくとも第１回目の会議に招待するのは事業部のみとする

のが理に叶う。案内状を受け取る事業部側も納得し易いはずであろう。事業部は、親元事業体として傘下の海外事業場のリスクでありGRMにも責任を負ってもらわなければならない。

　このような解釈を、伊藤部長が佐藤社長とCREOの山下副社長にしたところ、「それが良い」と了解された。

佐藤　伊藤部長、基本はそれで良いと思います。但し、もしも、事業部長と事業部リスクマネジャーが、次回以降のGRM会議からは、傘下の海外事業場にも案内状を出してもらいたいということであれば、即、そのようにしましょう。いずれにしても、第1回目のGRM会議では、本業の経営同様、新規のGRMも、事業部の自主・自立の経営責任で実践してもらうことになる点を、しっかり理解してもらいましょう。その確認が大事です。

企業法務の責務も変わる。企業法務機能も時代とともに変化する生き物！

　取締役会による承認は、新しい法務時代の幕開けであると伊藤部長は思った。TF株式会社本社法務部門もその子会社の一つであるTFD本部法務組織も、それらが担当する業務は、TFグループの成長とともに拡大していった。国内から海外、国際、グローバルといったように、地理的な拡大をも伴っていた。かつての文書管理業務は、今日、事業リスクのかなりの部分をカバーするまでに至ったのである（図表2-⑫）。

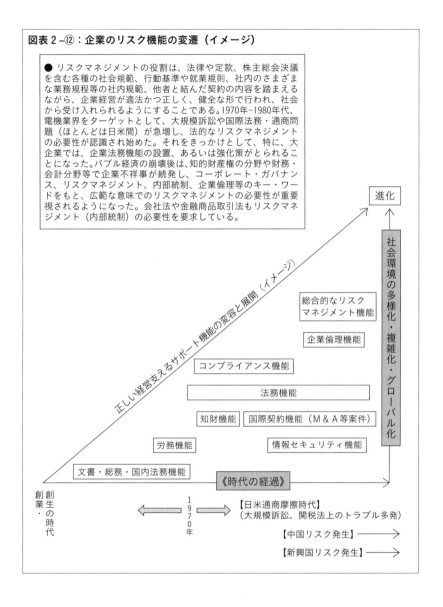

図表 2 –⑫：企業のリスク機能の変遷（イメージ）

● リスクマネジメントの役割は、法律や定款、株主総会決議を含む各種の社会規範、行動基準や就業規則、社内のさまざまな業務規程等の社内規範、他者と結んだ契約の内容を踏まえながら、企業経営が適法かつ正しく、健全な形で行われ、社会から受け入れられるようにすることである。1970年–1980年代、電機業界をターゲットとして、大規模訴訟や国際法務・通商問題（ほとんどは日米間）が急増し、法的なリスクマネジメントの必要性が認識され始めた。それをきっかけとして、特に、大企業では、企業法務機能の設置、あるいは強化策がとられることになった。バブル経済の崩壊後は、知的財産権の分野や財務・会計分野等で企業不祥事が続発し、コーポレート・ガバナンス、リスクマネジメント、内部統制、企業倫理等のキー・ワードをもと、広範な意味でのリスクマネジメントの必要性が重視されるようになった。会社法や金融商品取引法もリスクマネジメント（内部統制）の必要性を要求している。

進化

社会環境の多様化・複雑化・グローバル化

正しい経営支えるサポート機能の変容と展開（イメージ）

総合的なリスクマネジメント機能

企業倫理機能

コンプライアンス機能

法務機能

知財機能　国際契約機能（M＆A等案件）

労務機能　情報セキュリティ機能

文書・総務・国内法務機能

《時代の経過》

創業・創生の時代

1970年

【日米通商摩擦時代】（大規模訴訟、関税法上のトラブル多発）

【中国リスク発生】──→

【新興国リスク発生】──→

GRMスタート
～事業リスクはらせん状の階段のように複雑化していく！～

　リスクは変幻自在の「生き物」であり、その時代の特徴を映し出す申し子でもある。経済社会の国境はもはやなくなっている。しかし、政治的な国境の壁は存在し続けており、近年、その壁は益々堅牢なものとなり、また、高くなっている。

　経済社会の成長と発展はその国だけの繁栄のためではなく、基本的には、グローバル世界の繁栄に結びつくはずのものである。そういった側面がある一方、経済力は個々の国の安全保障政策遂行の有効な武器として機能するようになっている。経済力というのは、その国を拠点とする無数の企業が持つ経営力の総和である。換言すれば、企業の経営力を削げば国の安全保障にも問題が生じることになる。最先端技術のみならず武器への転用が可能な汎用技術であっても、その流出を防止する技術の開発を、多くの企業が必要とするのはそのためである。事業リスクは、その量を拡大し、その質を複雑なものにし続けている。リスクをそのように進化させているのは、異常な速さで行われる技術革新である。

　GRMスタートに当たって、佐藤社長、山下副社長が、それぞれの思いを伊藤部長に伝えた。

佐藤　GRMはスタートしました。いろいろ考えながら、また、試行錯誤を繰り返しながら前に進まなくてはなりません。環境変化が激しいですが、今後はさらに激しくなることでしょう。事業の継続を難しくする突発的な出来事や不可抗力と思われるような事項も生じています。変化が激しい分、四方八方に目配り、気配り、心配りを忘れないようにし、的確な情報を入手するようにしなければなりません。しかも、それもグローバルにいうことが重要なのです。従来、私たちが念頭に置いてきたリスクの捉え方とは異なるレベルのリスクの見方をしていくことが必要になるのは間違いありません、僕は確信しています。

　　　　異なるレベルのリスクの一つは、伊藤部長がよく口にしている国家

安全保障リスクです。経済力や経営力は、いろいろな国の国家安全保障政策のためのターゲットになってきています。伊藤部長同様、僕は、経済力は個々の企業力の関数だと考えています。国家安全保障の観点からすると、IT、AI、ドローンをはじめとする各種ロボット、それらを支えている半導体を含む先端のデバイス技術は、どの国にとっても喉から手が出るほどに欲しいものであり、何としても欲しいものです。サイバー攻撃やスパイ活動やさまざまな形をまとったテロのリスク等、これからは驚くようなことではなくなる。そんな気がします。リスクの中のクライシスも急速にグローバル化しているという認識が必要です。

　TFDはデバイス事業で成り立っている企業です。今、僕が言った点を踏まえてGRMを動かして欲しいと思います。研究開発を含む事業活動は、大いに活発化させねばなりませんし、戦略投資も引き続き必要です。しかし、そうした本業事業を強化するのと同時にGRMも行わなければなりません。

　国家安全保障は、3つの約束の中の社会規範の内の一つ、我が国では外国為替及び外国貿易法（外為法）に基づくリスクで、事業部の方々には、その分野でのGRMの重要性についても充分認識してもらわねばなりません。また、本部の知見の内容も向上が喫緊の課題かもしれません。事業リスクの範囲が非常に広がっていますから、とにかく、真剣にGRMを行わなければなりません。

　伊藤部長は、かつて我が国で発生したココム事件を覚えているでしょう。僕とともにTFUSAにいた時代の事件です。国家安全保障問題を引き起こした場合に発動される制裁の内容やそれが民間企業に与えるダメージが果たしてどのようなものなのか。是非、それを忘れず、GRMに生かし、GRM参加者全員のリスクのとらえ方を幅広いものにして欲しいと思います。

伊藤　承知しました。過去の件もそうですが、急速に変化を遂げる先端技術革新の波が時代を大きく変えました。その勢いは止まらないまま、さ

らに変えようとしています。心して取り組みたいと思います。

企業は社会の公器、この認識がGRM発意の原点！
〜GRMの使命は、TFDの正しい経営を支えること〜

　佐藤社長の思いを知れば知るほどに、伊藤部長はGRM活動はTFD事業に関わる広範な事業リスクの発見とそのマネジメントのための長い航路なのだと感じた。大航海の目的地はTFDグループの正しい経営である。一昨日、山下副社長室で、第1回目の国内GRM会議準備の進捗状況についての最終の打合せを終えたとき、山下副社長は次のように言われた。

山下副社長の思い

山下　伊藤部長、TFグループの役員の中でも、佐藤社長は、際立ってTFグループ経営理念の熱心なファンの一人だと思います。つまり、創業者のファンなのです。私もそう自認していますが、社長は私よりもはるかに熱心なファンですね。この間、社長室に呼ばれたとき、経営理念の話に及んでね。社長が言うには、経営理念を支えているのは、たった一つ。それは、企業は社会の公器という認識です。経営理念と社会の公器は、切り離せませんね。GRMは、その観点を抑えながら進めなければならない。私は、そう思います。

　　　「法律は、企業が遵守すべき最低限のルールです」という伊藤部長の口癖。佐藤社長は、法律という個所を、約束という言葉に置き換えていたようです。だから、伊藤部長が示した3つの約束という言葉に乗り気になってしまった。我が意を得たりの心境だったのではないか。

　　　その3つの約束の中の一つとして社内規範がある。社内規範の中に、TFグループの経営理念と企業行動基準や企業倫理が包含されている。TFグループ創業以来の事業観・経営観と伊藤部長が示した3

つの約束観とがうまくつながったのだと私は直観しましたね。経営と
ルール融合の一瞬です。

　佐藤社長は、こうも言っていました。「企業は人間の集団ですから、
間違いを犯します。間違いを犯せば猛省して原因を突き止めます。突
き止めて同じ過ちを繰り返さないようにします。そのことを世間に公
表して安心してもらう。その仕掛けのようなものがGRMの持つ一つ
の特徴です。」と。

第1回国内GRM会議に向けて

　第1回国内GRM会議を数日後に控えて、伊藤部長は、外山海外法務室長、
内田国内法務室長、それとポール弁護士の3名に声をかけた。一週間後に
迫った第1回国内GRM会議の準備状況を聞くためである。今回の会議の進
行係でもある外山室長から以下の報告があった。

外山　参加要請をしていた取締役事業部長は、1名を除き全員参加です。不
　　　参加の事業部長からは、「不参加誠に申し訳ない。代理として企画部
　　　長を出席させる。」との返事をいただいています。

　　　　基調の話をお願いしている社長ですが、スピーチの原稿は不要。自
　　　分で考えて自分の言葉で話したいというメールをいただいておりま
　　　す。

　　　　それと、特別に招待しているTFUSAのゼネラルカウンシル、ス
　　　ティーヴン・ワインガーテン弁護士も会議に参加できとのことです。
　　　「米国のリーガルリスク事情とコーポレート・リーガルディヴィジョ
　　　ンの役割」についてのスピーチをしていただけるとのことです。ス
　　　ピーチの概要は、数日内にメールするということです。久し振りに伊
　　　藤部長に再会できること楽しみしているとのメッセージもありまし
　　　た。

　　　　それから、事業部のリスクマネジャーには、英語を話すのが苦手と
　　　いう方が2、3名おられます。スピーチは英語でやってもらいます

が、スピーチの内容は、ポール弁護士の協力を得て英語に翻訳し、会議の数日前には出席者全員にメール配信しておきます。

伊藤 とにかく、第1回国内GRM会議は絶対に成功させなければなりません。今回の会議は、新規事業としてのGRM初出荷に当たるとして、社長、副社長ともにとても期待されています。ケアレスミスのないように、しっかりやりましょう。

　3名の顔を眺めながら、伊藤部長はさらに続けた。

伊藤 とにかく、第1回国内GRM会議は絶対に成功させましょう。明朝9時から、君たち2名と、ポール弁護士、それに私の4名で、GRM会議進行のおさらいをしておきましょう。場所は法務会議室。GRM全体に関して4名の理解が一致していることの確認と、会議の進め方に問題はないかどうかです。私の考えを聞いてもらい、その内容に関し、君たちの意見を聞いておきたいと思います。異論、反論、大いに結構。率直に述べて下さい。

外山・内田 分かりました。

ポール 日本語の勉強を兼ねて参加します。ただ、ときどき、英語で質問しますが、よろしいでしょうか。

伊藤 もちろんです。私も大事なポイントは、英語でも話すようにします。第1回国内GRM会議が終われば、その直後から、ポールさんが活躍する機会が増えてくるはずです。私も含め、社長も、副社長も、あなたの活躍にとても期待しています。

　次の朝午前9時、4名は会議室に集合した。

社会の公器としての企業と正しい経営の関係

伊藤 企業は社会の公器であるという考え方については、社長も副社長も、また、自分も、そうであると認識しています。GRMを考える上でも、この認識が前提となります。では、社会の公器として相応しい企業であるための経営のあり方とは、一体どのような経営でしょうか。それ

は、社会から支持され、社会に受け入れられる経営ということです。それは、一言で表現すれば、正しい経営ということです。

　では、経営が正しいかどうかを判断する基準は何か。基準として用いられるのは 3 つの約束です。

　4 月に導入が宣言された我が社のGRMは、3 つの約束を用いて、正しい経営を不安定にし得る事業リスクを洗い出し、洗い出されたリスクを分類し、個々のリスクの中身を評価し、解決のための代替案を選択するという一連のプロセスからなっています。このプロセスにモニタリングを加えて、グローバル・リスクマネジメント、GRMと呼んでいる。4 月 1 日制定・実施のGRM規程に記載の通りです。

正しい経営とGRMの関係

伊藤　GRMは、TFDグループ全社に適用される形で実践されることになります。状況によっては、TFDグループのサプライチェーンにも、GRMの趣旨に沿って行動してもらわなければならない可能性があります。しかし、まずは、TFDグループでの実践が大事となります。

　昨今、産業界各社で引き起こされた不正や不祥事が、必ずしも企業の本体ではなく、むしろ、特に、海外の事業体で発生していることを考えると、リスクのマネジメントは、グローバルに実践されない限り意味はなくなります。グローバルなリスクマネジメントが有効に機能してはじめて、経営の正しさを維持できる。佐藤社長の狙いもその点にあると思います。

外山　私は、組織が有効に機能しているかどうかは、末端の部分が活性化しているかどうかで判断できると承知しています。つまり、組織の経営者なり指導者の考えが末端に届いているかどうか。さらに、届いたとして、その考えが行動に反映されるようになっているかどうか。そこまで浸透していなければ、いくら立派なことを訴えても、その訴えなり要請は、「絵にかいた餅」に過ぎません。

　　　事実関係はよく分かりませんが、最近の企業不祥事等も、トップの思いが末端、すなわち、海外にまで届いていない。組織が組織の体をなしていない。そう考えるべきなのではないでしょうか。どういう組織なりシステムにするのか、この点がとても大切だと思います。

伊藤　その通りだと思うね。GRMを有機的に動かすためには、体系的な組織システムの構築。つまり、外山室長が言ったように、指示なり要請なりが、末端にまで迅速に、かつ、誤りなく届く組織を構築し運営しなければならないということです。この点が、絶対的な肝です。この組織システムをGRM体制と呼ぶことにします。体系的であるということは、TFDのトップ経営者クラスの役員（「CREO」）を頂点とするピラミッド型の機能的なシステムであるということです。

　　　ただし注意しておいてほしいのは、ピラミッド型組織というのは、上意下達と下意上達の双方がいずれも自在に、柔軟に行われる組織という意味です。GRM構想を会社として承認する目的で、3月のTFD取締役会では、以上のようなGRMを推進することが正式に承認されたのです。非常に意義深い機関決定であったと思っています。

組織としてのGRM体制を如何に動かすのか
～基本の考え方は衆知による運営を目指す～

伊藤　GRM体制は、本部GRM体制と事業部（傘下の海外事業場を含む）GRM体制の2つの下位の体制から構成されます。

　　　どちらのGRM体制も、CREOが承認する本部傘下の各職能部門が指名するリスクマネジャー、並びに、事業部及び事業部傘下の海外事業場それぞれが指名するリスクマネジャーによって牽引されます。リスクマネジャーの責務は重いと思います。

　　　CROMは、本部法務の伊藤であり、リスクマネジャー全員を総括します。

　　　また、CROMは、リスクマネジャーの相談役であり調整役でもあ

ります。

　ただし、注意事項が一点あります。GRM体制を健全な形で持続力
があるものにしていくには、TFDグループ傘下の各組織に所属して
いる社員全員の積極的な参加と彼らの衆知が集められる必要がありま
す。TFグループの経営が、全員の衆知によって支えらえているのと
同じ理由によります。

　つまり、リスクの発見から解決に至るまで、どのプロセスをとって
も、当該プロセスに関わっている社員の知見と知恵が要るということ
です。自主責任経営と併せ、衆知によるGRM運営も、佐藤社長が強
く期待されているところです。

ポール　衆知とは、民主主義のことだと思います。衆知を集めて物事を解決
していくというには、時間がかかるやり方だとの見解もあると思いま
す。しかし、リスクというのは、事業のどこに潜んでいるのか、どこ
に隠されているにかを知るには、衆知を集める以外の方法では難しい
と、私は考えています。正に参加型のマネジメントの手法ですね。

組織としてのGRM体制を維持し、さらに成長・発展させるための 3 つの基本的要素

伊藤　また、GRM体制を維持し安定的に成長させるためには、 3 つの基本
的要素も重要なファクターと考えています。

　 3 つの基本的要素とは、

　㋑　共通の目的（目標）

　㋺　参加者のモチベーション

　㋩　良好なコミュニケーション

　の 3 つを意味します。

　これら 3 つの要素は、そのすべてが組織の健全性と機能性維持のた
めに絶対に必要とされるものです。いずれか一つでも機能が弱まる
と、他の要素の健全性と機能性に悪い影響を与え、最終的には組織そ

のものが破綻してしまうはずです。3つの要素が健全に機能している
かどうかについては、本部と事業部のリスクマネジャーに、適宜
チェックしてもらわなければなりません。

　もしも、うまく機能していないと判断された場合、直ちに、
CREO、又はCROMに通知してもらわねばなりません。その旨、第1
回国内GRM会議で、CREOの山下副社長から強くお願いしてもらい
ます。山下副社長と私は、事業部長や本部傘下の各部門長訪問時に
は、3つの基本的要素が機能しているかどうか、組織責任者として確
認していただくか、あるいは、組織所属のリスクマネジャーにチェッ
クを命じていただきたい旨、お願いすることにしています。

ポール　組織を本来の目的通りに機能させるには、誰かを監視役に任命し
て、組織の成長と発展を阻害する要素や要因を見つけ出し、それらを
取り除くという役割を果たしてもらわなければなりません。いわば、
お巡りさんの役目ですね。特に、組織設置後の初期段階は、ある種の
カオス状態にあることが予想されますから、このチェックが大事だと
思います。各事業部門の責任者はもちろんですが、それに加えて、事
業リスク担当者であるリスクマネジャーにもその任務を与えるという
のは、良い手法だと思います。賛成です。

正しい経営の維持、正しい事業のあり方を阻害する3つの毒

伊藤　GRM構想とGRM体制を脆弱化させる要素として、もう一つ念頭にお
いておかねばならないものがあります。それは、無知（不知）、過失、
故意という3つの毒です。3つの毒は、すべての組織の責任において
排除してもらわなければならない猛毒です。

　同時に、GRMを推進するのは、一人ひとりの社員であるという事
実に鑑みた場合、その一人ひとりが、自己の責任において排除しても
らわなければならない。企業の中に巣くっている不正・不祥事とその
萌芽は、3つの毒が原因となって生じていると考えてよいものです。

正しい経営を腐らせるのは、３つの毒に他ならないのです。

社員なりの善管注意義務という発想があっても良い

内田　３つの毒のうち、故意については論外の大罪だと思います。ただ、GRMにおいては、故意に基づく行為を徹底的に排除し予防すると同時に、無知（不知）と過失によるリスクの発生にも多くのエネルギーを費やさねばならないと考えています。

　全く次元の異なる話ではあるのですが、GRMのことを考えるとき、私は、2000年９月20日、大阪地方裁判所が、「大和銀行ニューヨーク支店巨額損失事件」で下した判決の内容を思い出すのです。判決は、大和銀行の取締役の善管注意義務及び忠実義務に関するものですから、TFDのGRMとは一切関係がありません。

　TFDのGRMは、何も取締役が実践するといったものではなく、全員が参加し一人ひとりが自主自立の責任において実践すべきものとされています。ただ、私は、取締役ではない私達社員も、自ら、善管注意義務といった法が定める義務を、GRMの中で自分なり咀嚼し課していくことがあってもよいのではないか。いわば、「社員の注意義務」ですね。こうした義務を負っていると考えることができるのであれば、GRM体制の健全性や正しさといったものを阻害する無知（不知）や過失をなくしていく一助となる。そう考えております。

事業に関連するGRM実践の主体者は、事業部である！

伊藤　ところで、取締役会の席上、佐藤佐長の指名により，社外取締役の二瓶様に、グローバル・サプライチェーンの見直しの重要性を例に出して説明しました。その際、グローバル・サプライチェーンのリスクに限らず、事業に関連するリスクをマネジメントし、受け入れ可能な解決策を選択する主体者はこれまで同様事業部です。本部は、主体者で

ある事業部を補助し支えるだけですという趣旨の説明も行いました。

つまり、GRMがスタートした後も、

> 「自主責任経営の考え方に基づいて本業の経営を実践する主体者は事業部であり、本業遂行の過程で発生するリスクを経営（マネジメント）する主体者も当然に事業部です。決して本部ではありません。」

これが佐藤社長の揺るぎない考えです。社長の考えを、山下副社長も私も完全に共有しています。

但し、誤解があるといけませんので、あえて言っておきますが、本部傘下の各職能部門にも、各職能部門固有のリスクというものがあるはずです。そのリスクは、各職能部門が主体者となって解決するのは当然です。

３月の定例取締役会において、GRMの基本の考え方は承認されましたが、GRMをどのように実践するのかについては、第１回国内GRM会議において説明し、事業部の意見を聞き、彼ら全員の納得を得ておく必要があります。会議では、事業部プラス本部という協働の考え方をはじめ、GRM体制の構造、体制の運営、事業部の役割、本部の役割等々を縷々説明し了解してもらうことになります。了解なり納得を得なければならない理由は、GRM実践の主体者は、事実上、事業部だからです。事業部が衷心より納得しない限り、GRMの実践は中身のないものになります。

事業部の再編があっても、第三者との契約は守らなければならない
～契約管理システムの構築は時間を費やしてでも確実に！～

伊藤 ３つの約束に基づく事業リスクのマネジメントは、いずれも等しく大事です。事業の成長戦略という観点からしますと、第三者と結んだ契約書の大切さです。

　　TFグループは、頻繁に組織に再編を行う企業です。再編は必要だから行われるわけですが、再編後にお客様等の第三者と結んだ契約書の正本が、どの組織のどの部署で保管されるようになるのかを明らかにしておかねばなりません。再編後の契約正本の保管をどのように考えるかは、現状の契約正本管理の実情とその整備が見通されていなければなりません。第 1 回国内GRM会議で俎上に載せ、その考え方を説明するのが筋だと思います。

　　しかしながら、正直なところ、参加事業部に対し十分な説明ができる状況にはないと判断しました。したがって、契約正本管理の重要性を指摘し、管理のあり方等については、本部法務部と各事業部のリスクマネジャーとで然るべきチームを然るべきタイミングで発足させる旨、私の方から提案したいと思います。

　　私は、前のグループ会社でも契約書の管理を推進しましたが、情報セキュリティの観点からの検討も必要です。完全な管理システムの完成には一定の日時が必要になると思います。

内田・外山　おっしゃった点、よく理解しました。

伊藤　契約に関するGRMというのは、契約した内容を正しく履行するということをも含んでいます。履行のモニタリングは、主体者は各事業部ですが、本部GRM体制、つまり本部法務部は契約交渉に大きく関わる存在ですから、履行のモニタリングに参加した方がよかろうと思います。

　　ただ、この項目も今回の会議では触れる程度にし、次の会議までに特定の事業部が最近結んだ国際契約を取り上げて、試験的に検証してはどうかと考えています。検証には、ポール弁護士も参加して下さいね。

ポール　承知しました。

第1回国内GRM会議の直後から行うべきは、協働による成果の積み重ね

伊藤 どのようなことが起これば、事業部はGRMに感謝するか？

　　私の考えでは、解答はただ一つ。すなわち、本部プラス事業部の協働を通じて、事業部が抱えているリスクが解決されることにつきます。経験的にいえば、事業部単独では処理が難しい海外取引とか国際取引において、協働が有効であると事業部が認識してくれれば、GRMが事業部経営に役立つと、事業部は考える。

　　海外取引は多種多様ですが、そのどれをとっても、事業部は取り扱いに苦慮している。海外取引というのは、我々企業法務の専門集団でも扱いには慎重さが必要です。

　　また、最近の案件では、社外の法律事務所の協力を仰がなければ、うまくいかないと感じています。取引自体が複雑になっていることや、取引に関係する法令が多岐にわたることや、法令の適用範囲が拡大していることや、適用が強化されていること。さらに交渉の相手が要求する条件が一方的過ぎ、その条件を容易には緩和してくれないといった傾向が強い。つまるところ、我々の過去の経験があまり役に立たない事態が増えてきているということです。

　　海外取引は、事業部単独ではタイムリーに処理できない状態となり、対応なり処理が先送りになっているのです。このような状況にあって、先送り分野のリスク処理を、本部プラス事業部の協働によって処理できるなら、GRMが打ち出している協働の評価は上がる。事業部の売りと利益に占める海外取引の割合が急速に増えている最近の状況を考えれば、協働の要請が大いに増えていくに違いない。そのように思うのです。

外山 私は、協働が事業部に満足を与え、それが増えていくことになれば、さらに好ましいことが起こると思います。協働の過程で、事業部は本部のリスクマネジメント能力を直接観察することになります。協働に

事業部も参加することになりますから本部が持つリスク解決の能力を実感することになります。私たちに能力があるとすれば、プラス評価してくれるのは間違いありません。

　協働のスタイルは、お互いがお互いを知る絶好の機会です。相方の評価なり反応を知れば、自分達の能力が完全なのか不足しているのが明らかになり、次のステップに役立ちます。

　これまで事業部とのチームプレーがあまりなく、本部の我々も、自分達が積み上げてきた能力やスキルといったものが、本当に役立つものなのかどうか判断することが困難でした。

　一方、本部に席を置く私達としては、事業部に役立とうとするなら、事業部が行う業務の実態をより深く理解する必要がありました。敵を知り己を知れば、百戦危うからずの諺もあります。しかし、TFDは、TFグループの中でも、事業部と本部の心理的な隔たりがかなり大きいといわれてきたグループ企業の一つです。そうした事業場であるにもかかわらず、これまで大きなリスクなりトラブルが発生しなかったのは、運が良かったとしかいいようがありません。

　デバイスの市況も比較的良好でした。しかし、同業他社の法令違反等の不正や不祥事の発生も散発し始めておりますし、その一方で、他社の海外進出や海外取引、海外投資、企業買収等が活発化し、国際的な競争が非常に厳しくなって来ています。今回の協働提案は、不正等の予防と事業推進の加速化の双方に有益だと私は考えています。

伊藤　確かに、協働は、事業部による対本部チェックのチャンスになるようですね。大いに結構ではないですか。本部は、本部として仕事をしてきたわけです。ですが、その仕事の場は町中にある道場であった。今後は、海外の見知らぬ場所での真剣勝負となる。だから、相手との勝負に敗れれば死ぬかもしれない。協働の失敗ですね。ですが、心配は無用です。我々の仕事ぶりに自信を持ちましょう。大丈夫です。

内田　社外の法律事務所との協働の必要性という点に関しては、私も同感です。2年前まで海外法務室にいた一人として、最近の海外案件には社

外法律事務所のサポートが必要なものが多くなってきているのは間違いないかと思います。ですが、協力を依頼する海外の事務所も、その都度選択するという傾向が強く、その案件が無事終了すればそれでおしまいという使い方に終始しています。GRMがスタートした今、再度彼らの評価を行い、見直しが必要ならそれを行い、より戦略的な持ち方を考えてはどうかと思います。一挙には進まないかもしれませんが、検討が望ましいと思います。但し、第1回目のGRM会議に関して言えば、あえて、議題に乗せる必要はないかもしれません。触れる程度でいかがでしょうか。

GRMは持続こそが重要
〜持続のために必要なものとは？〜

伊藤 それから最後にもう一点、言っておきたいことがあります。とにかく、新しいことを開始したときは、関係者全員、そのことに期待してワクワクするものです。私も、このGRMには浮き立っています。社長も、CREOに任命された山下副社長もそうだと思います。新規事業であり、昔のTF株式時代でいえば、恐らく、初荷のような行事に匹敵するのかもしれません。事業部だって、バラツキがあるにしても、大半の事業部長は期待大ではないでしょうか。佐藤社長のGRMに掛ける本気度は、充分に伝わっていると思いますからね。取締役会に先立っての事業部長訪問でもそのことは感じました。

　ですが、新規事業に関わる熱気の持続には、その事業の夢とか希望とか新たな目標といったものをタイムリーに打ち出していくことが不可欠だと思うのです。GRMの場合だと、毎年、あるいは半年に一度、GRMの新たな道といったような指針的なものを事業部長会議やリスクマネジャー会議の場で宣言する。そういったことを通じて、GRM参加者の参加意欲を低下させない、あるいは、さらに向上させるといった工夫が要ると思うのです。こうした点は、佐藤社長もよく分

かっておられると思います。要するに、モチベーションが途切れない
ようにしなければならないのです。

　私が、「GRMというのは管理ではありません。GRMは経営、すな
わち、マネジメントです。」と皆さんに言うのは、そういうことなの
です。マネジメントである以上、そこには、絶えず創意があり工夫が
あり、成長と発展がある。この気持ちを念頭において、第1回国内
GRM会議に臨んで欲しいと思います。

〈第1回国内GRM会議〉

第1回国内GRM会議　第Ⅰ部

　会議は、4月上旬、TFD本部の別館第1棟2階の大会議室で開かれた。参
加者の席に配布されていた会議次第（図表2 –⑬）についての簡単な説明が
司会者からなされた。その後、アジェンダに沿って会議は進行した。

　第Ⅰ部は、各アジェンダ担当のスピーカーによる話だけが行われ、会場参
加者からの質問は第Ⅱ部で受付けられることになっていた。

　第Ⅰ部前半が終了し、15分の休憩に入り、参加者の多くは、会議室の後方
に並べられている長机の上に置かれているポットのコーヒーを飲みながら挨
拶を交わしたり、何やら歓談に興じていた。

　事業場からの参加者は各事業部と事業部のリスクマネジャーに限られてい
たため、お互い充分に顔見知りであった。海外からの参加者でありゲスト・
スピーチをお願いしたTFUSAのゼネラルカウンシル、スティーヴン・ワイン
ガーテン弁護士も、事業部長とは知己の間柄であり、打ち解けた様子であっ
た。佐藤社長と山下副社長もその中に入り、にこやかな笑みを浮かべながら
歓談の仲間入りをしている。

　伊藤部長は、前半の進行に満足であった。特に、外山海外法務室長の話
は、事業部におけるGRMの推進に寄りそった本部の姿勢を前面に打ち出し
たものであり、参加者の関心も高かった。事前の打合せの際、伊藤部長が指

図表2-⑬：国内GRM会議の会議次第

第1回　国内GRM会議
ー次第ー

第Ⅰ部

1. 本日の議題と留意事項（会議事務局）
   Agenda and Notice（Secretariat）
2. 佐藤社長スピーチ
   Address by President, Mr. Shigeaki Satoh
3. CREO（山下副社長）スピーチ
   Address by CREO, Mr. Toshio Yamashita
4. 特別講演（ー米国法務事情とコーポレート・リーガル・ディヴィジョンの役割ー）
   （ゼネラル・カウンシル、TF Corporation of USA, General Counsel, SW Esq.）
   Special Presentation（US Trend of Legal Risk and Role of Corporate Legal Functions）
   （General Counsel of TF Corporation of USA, SW, Esq.）
5. TFD　GRM体制の現状と課題（CROM）
   TFD Global Risk Management-Now and Future Issues（CROM）
6. 事業部リスクマネジャーによる発表（車載用デバイス事業部リスクマネジャー）
   Presentation by Automotive Device Division Risk Managers
7. 【本年度最注力リスク課題】
   契約リスクマネジメントの現状と課題（法務部海外法務室長）
   【Most Important Risk Issue of This Year】
   Risk Management of the Matter of Contracts & Contracts administration System；Now and Future（Oversees legal affair Office of Legal Department, Office Manager）
8. 安全保障貿易管理の現状と課題（法務部安全保障貿易管理室長）
   Security Export Control Program-Now and Future Export Administration Office, Office Manager）
9. 贈収賄リスクマネジメントの課題（法務部コンプライアンス室長）
   Risk Management on Bribery-Now and Future（Legal&Compliance Office of Legal Department, Office Manager）
10. 価格カルテルの予防に関する注意事項（法務部公正取引室長）
    Prevention of Price Cartel-Fare Trade Office of Legal Department, Office Manager）
11. 総括（法務部国内法務室長）
    Conclusion（Domestic Legal Office, Office Manager of Legal Department）
12. GRM体制リスクマネジャー名簿の取扱い（情報セキュリティ部長）
    Treatment of GRM Risk Managers List（Information Security Department, General

Manager）

以上

第Ⅱ部

1．GRMに関する事業部と本部の自由な意見交換、
   Free and frank talk between Operating Divisions and TFD Headquarters GRM Organizations
2．会議事務局からのお知らせ（会議事務局）
   Notice from Secretariat（Secretariat）

摘したGRMは、GRM規程と通達によって推進される旨の説明は、TFDグループで働く外国人社員と日本人社員が同じ土俵でGRMに参加し、リスクのマネジメントを実践できることを明らかにしている点で、海外事業場を傘下に持つ各事業部に安心を与えたようである。

　海外事業場には、多くの外国人が働く。日本人出向者は少数である。いずれにしてもGRM参加は混成のチームで行われる。発見されたリスクの分析・検討・評価・選択というリスクマネジメントの過程においては、さまざまな見解と解釈が出され議論があるはずである。そうした見解なり解釈は、日本文のGRM規程と通達、並びにそれらを厳密に翻訳した英文の規程と通達に依拠すると決めておけば、見解や解釈が不必要に拡散されることなく絞り込まれるため、リスクマネジメントの一貫性が保たれやすくなる。

　また、万一、見解や解釈が規程や通達ではカバーされない場合には、その旨を本部側に連絡すれば、本部は最適と判断する考えを、英文と日本文で、事業部と海外事業場に通知する。この方法により、複数の事業部が、それぞれにバラバラの解釈を行うことが回避可能となる。佐藤社長、山下副社長も同じ考えであった。

第1回国内GRM会議　第Ⅱ部

　昼食後の第Ⅱ部では、事業部長や事業部リスクマネジャーから以下のテー

マによる意見表明が行われた。

　事前の打合せの際、伊藤部長からも「締結済み契約の管理システム」の大切さの指摘があった。このテーマについての関心は高く、複数の事業部から質問と意見表明がなされた。はじめに手を挙げたのは、車載用デバイス事業部の杵渕部長であった。

デバイス事業は一つ、事業部プラス本部で一つのTFD
〜GRMはそれらの牽引者！〜

杵渕　この企画はとても良いです。私が担当する事業部において、お客様等相手企業と締結する契約が、他の事業部が結ぶ同じ相手との契約と比較して、どの点が同じで、どの点が異なるのか。特に、品質、価格、納期といった条項について関心があります。デバイスが異なる場合、合意される内容に違いが生じるのは当たり前ですので。

　ただ、それ以外の条項はどうなのか、知ることができれば参考になります。第Ⅰ部での説明の中で、契約管理システムに登録された契約書へのアクセス権についての箇所がありましたね。アクセス権は当然に大事なポイントだとは思いますが、以下の２点は分けて考える必要があるのではないかと思います。

　　㋑　アクセス権者の絞り込み

　　㋺　アクセス可能な範囲の限定

　「契約は、事業戦略の反映」だとの説明があり、全くその通りだと考えています。

　しかしですね、同じTFDの中で、アクセスできない事業関連契約書が多過ぎると、デバイス分野の国際競争の観点からは問題が出てくるような気がしています。自分としては、アクセス権を持った社員（「アクセス権者」）は、原則、どの事業契約にもアクセスできるというルールにしてはどうかと思うのですが、この考え、いかがでしょうか。

　私が思うに、「TFDデバイス事業は一つ、TFDデバイス事業部も一つ」との考え方を基本方針として打ち出してもらい、「アクセス権者、自由！」というスローガンのもと、管理システムを運用してもらうのが、４月スタートのGRMの意にも沿うように思うのです。

　私が述べた意見と異なる見解を持っておられる事業部があるかもしれないので、他の事業部の意見もお聞きいただきたいと思います。ただ、参考までに申し上げますと、私が承知している限り、「デバイス事業は一つ」という点に関して、事業部長の思いは一致していると思います。

　TFDグループは、同業他社と比較して、大変多くのデバイス商材を扱っており、極めて多くのデバイス技術を持っています。

　しかし、自主責任経営の考え方を保守的にとらえ過ぎた感があり、その狭い考え方を慣習的・慣例的に踏襲してきたために、各事業部が持つデバイス技術の相乗効果なり掛合せの効果を出せないまま今日を迎えている。要するに、シナジー効果により、TFD全社の最適化、効率化が発揮されていないということですね。このままの状態だと他社とのグローバル競争に負けてしまうのは目にみえている。そういった危機感は、全事業部長は心底共有していると思いますよ。

　そこで、私としては、「デバイス事業は一つ」という考え方を他の事業部も賛同してくれると仮定すればの話ですが、先程、法務部海外法務の外山室長が説明された契約管理システムの中身は、本部のあなた達がアイデアを出し、そのアイデアを全事業部が受入れるという形式で進めてもらって構わないのではないですか。個々の事業部の考えを聞くのではなく、本部に一任する。そういうことで良いではないですか。

　佐藤社長からも、再々、スピード経営の大切さが要請されており、我々としても、「全く異議なし」なのです。本部一任というのは、事業部の自主責任経営とは矛盾しません。本部からの一方的な押付けではなく、我々事業部全てが、そうしてもらいたいと本部にお願いして

いる訳です。新しい自己責任経営です。他の事業部の見解もとおっ
しゃるなら、この場で反対意見を聞いてみて下さい。以上です。

　続いて、もう一人、民生用デバイス担当の岡田事業部長が立ちあがった。

如何なる事業部組織になろうとも、本部プラス事業部協働の チームプレーは当たり前

岡田　私からも一言。これはGRMとは無関係といいますか、GRMの枠組み
の中で対処すべきではないのかもしれませんが、今の事業部をこのま
まの姿で続けるのは、環境の変化の早さを考えますと、相当無理があ
ると考えております。

　各事業部が持つ事業価値は、このままの組織のあり方を続ければ、
減りこそすれ増やすことは難しいと私は感じているのです。環境に即
した事業部のあり方という観点から見て、現行の事業部の仕事の進め
方が本当に最善なのかどうか。TFD全体の経営効率、TFDを一つの
事業体と見た場合、同業他社の経営効率と収益性とTFDのそれらと
を比較し、劣っているところがあるとすれば、素直に、しかも早く、
見直してはどうかと思うのです。TF本社もそれを促しています。
TFDの中ばかりに焦点を当てるのは止めて、TFDの競争力を他社と
比較する。それが必要です。

　TFDの企業価値は、中にいる我々事業部が産み出していますから、
結果的には、事業部分のあり方を考えざるを得なくなるのかもしれま
せん。事業部の再編という結論に至れば、それも良しだと思います。

　今も言いましたように、こうした考えは、GRMとは直接関係はな
いのかもしれません。ですが、早いタイミングで、事業部のあり方と
か事業部改革も考えなければならないのではないか。そのように考え
ております。

　このように申し上げた訳ですが、どのような事業部改革があるにし
ましても、GRM推進の一環として行われる本部と事業部の連携強化、

良き協働は必要です。そのようなTFD組織であろうとも、事業部と事業サポート部隊である本部は、常に一心同体の関係でなければならないと思うのです。両者は、切っても切れない相依の関係にあると思います。今回の協働提案は、あるべき本部と事業部の関係に回帰した。私はそのように解釈しています。後は、いかなる成果を協働作業が産み出すかです。質の高い協働を目指したいですね。以上です。

事業部長の意見表明の途中、賛同の意を示す頷きと拍手があり、「異議なし」の声も聞かれた。

次に、手を挙げたのは、電子回路デバイス事業部の大原リスクマネジャーである。

大原　ちょっと、テクニカルなことになるかと思うのですが、よろしいでしょうか。

　私は、契約を専門に扱ったことはこれまで一度もありません。リスクマネジャーに任命されたこともあって、海外法務室の外山室長から、素人向け国際契約入門書のような書籍を推薦してもらいました。仕事の合間で進めているところです。この本によりますと、国際契約には、ビジネスと深くかかわる部分と、契約特有の一般的で標準的な条項があると書かれています。

　我々事業部社員からしますと、ビジネス条項は関心の対象ですが、一般条項と書いてある個所の説明は、正直、チンプンカンプンでした。恐らく、どの事業部社員も同様だと想像します。本を紹介下さった外山室長によりますと、一般条項も、契約としては大変重要で無視できない。ビジネス条項と一般条項とで契約書は完成するとの話でした。しかし、一般条項までも事業部サイドで考えるというのは、不可能ではないかと思うのです。室長もそうだろうと考えておられると思います。

　では、一般条項ではなく、ビジネス条項は事業部側に任せますといわれても、私の考えでは、「それは、極めて、リスキーな考え」だと思います。要するに、契約書づくりの際に事業部ができることは、ビ

ジネス個所の実態についての解説とその条文の核心部分のところのお手伝いはできますという程度のことではないか思うのです。それ以外のことは、本部の専門家との協働でない限り、リスクがさらに増えるばかりになる。そんな気がします。

　私達がビジネス部分の説明をする。それを契約文書にするのは、やはり、本部法務部の方です。もちろん、専門家が創作する文章を、私達事業部が読んだり、コメントすることはできると思います。

　一般条項は、最初から最後まで法務部の方に完成していただく。こういったあり方が、良い契約書を作るTFDのやり方ではないかと思うのですが、いかがなものでしょうか。GRMに基づく契約リスクマネジメントに関して本部にお願いしたいのは、国際契約については、例外なく事業部と本部合同のチームが相手企業と対峙する。中身は、今申し上げたようなことです。

　確認した訳ではありませんが、事業部のリスクマネジャーは、恐らく、今私が申し上げた契約リスクマネジメントのあり方を、強く希望しているような気がします。

佐藤　確かに承知しました。

佐藤　さて、僕からも一言言わせて下さい。本日は午前と午後の全てを第1回国内GRM会議に費やしていただきとても嬉しく思っており、皆様に心から感謝申し上げます。出席して下さった事業部長とリスクマネジャーの方全員が、とても熱心に発表者の説明を聴いて下さいました。また、第Ⅱ部の自由討論では、3時間もの長い時間、いくつもの質問や要請、賛同といったさまざまな発言をして下さいました。今日の会議は、本当に有意義で、開いて良かったと実感しています。

　皆さん方のご意見等は、必ず、しかも、迅速にGRM活動の中に活かすことを約束します。これは、約束です。3つの約束の重要性を指摘して頂きましたが、私も、今申しました私の約束を厳守致します。

　私からも一点、申し挙げておきます。第Ⅰ部で、CREOの山下副社

長のプレゼンテーションがございました。その中で、「このGRMは、単なる行事とか儀式とかではありません。これは経営、すなわち、マネジメントなのです。ビジネス経営とは違うと思わないでいただきたい。」という件があったかと思います。何度も申し上げておりますが、ビジネスとリスクはコインの裏と表。表裏一体で、切り離すことはできません。ですから、事業部長の皆さんが本業（すなわちビジネス）に頭を悩ましておられる程度に、それに関わる事業リスクの取り扱いについても同じ程度悩んでいただきたいのです。そうしていただくことによって、GRMは、事業と共に永く存続すると考えております。TFDがその事業を消滅させない限り、リスクは永遠になくなりません。したがって、GRMもなくならない。そのように考えています。

　TFDのこれまでの自主責任経営と、GRMを本業のプロセスに落とし込んだ自主責任経営との間には違いがないと、僕は考えています。自主責任経営の精神は不易ですが、それを具体化している事業部という組織は、経営環境の変化に即して変わってよい、変わらなければならないとの意見も出されました。僕もその通りだと思います。

　換言しますと、企業の使命は不変であるが、それをどのようなビジネスモデルを通じて実現するのか、つまり、経営という手法は時代や環境ともに変わる。あるいは、変わるべしということでしょう。事業部の自主責任経営の精神や考え方は尊重しつつ、グローバルな市場の中で国際競争に打ち勝つには、どのような自主責任のあり方が期待されているのか。そして、そのモデルの中のどの位置にGRMが付着しているのか。これこそが、４月１日にキックオフした我が社のGRMが追求していかねばならない事だと思います。

伊藤　皆様、大変お疲れ様でした。これで本日の会議、お開きと致します。なお、GRM体制が動き出して１カ月が経過しました。５月には、第１回海外事業場GRM会議が開かれる予定です。案内状は発信済みです。宛先は、各事業部傘下の海外事業場の責任者とリスクマネジャー、並びに、各親元事業部のリスクマネジャーです。

　第 1 回海外事業場GRM会議が開催される理由は、4 月の第 1 回国内GRM会議後に集計されたアンケート調査票の自由記載欄に、「今後は、各事業部の傘下にある海外事業場（合弁会社を含む）にも会議の案内状を出し、出席を要請してもらいたい。リスクの性質が国内と海外では異なることも多いため、リスクのマネジメント方法や解決策にも違いがある。事業現場ごとに存在するリスクの生きた情報を共有することが不可欠である云々」という趣旨の意見が多く見られたためです。

　佐藤社長、山下副社長と相談の結果、第 1 回海外事業場GRM会議を開催することに決まった次第です。本日は、有難うございました。

〈第 1 回海外事業部GRM会議〉

5 月下旬、第 1 回海外事業場GRM会議が開かれた

　5 月22日。第 1 回海外事業場GRM会議開催の日。午前10時。会議は、出席予定者全員に予めメール配信されていた「会議次第」（図表 2 –⑭）に沿って進められた。

　会議開催の挨拶に立った佐藤社長から以下の話があった。

佐藤　事業環境がグローバルに激変しており、どの産業分野に属する企業も、変化のスピードに的確に即応できるよう、経営体質の強化と生産性の向上を図ろうとしています。TFグループ全社の再生と構造改革の意を体し、TFDも、事業経営のあり方を変え、それを踏まえた自主責任経営を試みようと考え、4 月に開始したところです。

　　　TFDの新たな試みというのは、各事業部が担当している特定の製品分野の事業にGRMを落とし込んだ自主責任経営を推進するというものです。

　　　事業部が事業を推進すると、その過程でさまざまなリスクを生じます。そのリスクは、主に、事業部単独で処理されてきたのです。その

図表 2 –⑭：第 1 回海外事業場GRM会議次第

第 1 回　海外事業場GRM会議
First TFD Oversea Subsidiaries GRM Meeting
－次第－
Agenda

1．本日の議題と留意事項（会議事務局）

　　Agenda and Notice　（Secretariat）
2．佐藤社長スピーチ

　　Address by President, Mr. Shigeaki Satoh
3．CREO（山下副社長）スピーチ

　　Address by CREO, Mr. Toshio Yamashita
4．GRMに関する海外事業場と本部の自由な意見交換、

　　Free and frank talk between Overseas Operating Companies and TFD Headquarters

　GRM Organizations
5．会議事務局からのお知らせ（会議事務局）

　　Notice from Secretariat　（Secretariat）

以上

方法でも、大したトラブルを引き起こさなかったのです。経営環境が比較的穏やかであったというのが、理由の一つに挙げられます。

　しかし、1990年代に始まったグローバル経営が本格化した21世紀以降今日まで、企業を取り巻く環境は変化のスピードを上げ、また、変化の中身を複雑なものにし続けています。変化に対してTFD傘下の事業部が即応しようとした場合、事業部単独の経営力では不足です。僕はそう判断しました。

TFDの中の 2 つの組織体を掛け合わせる
～新しい事業部経営のスタート（図表 2 –⑮）～

佐藤　TFDの中には、2 種類の大きな組織システムがありますね。一つは事業部群、もう一つは本部であり本部傘下職能別スタッフ部門です。

　僕は、本部と事業部を掛け合わせた仕組みを常態化させ、この協働組織体を通じて、事業部が抱えるリスクを処理することを思いついたのです。これまでも、事業部の要請があれば、本部は事業部を助けていました。ですが、それは、一過性のものであったと思います。

　GRMに基づく事業部プラス本部の協働は、一過性のものではありません。いわば、常設的といっても構わない協働なのです。協働を通じて、本部が持つ専門能力と事業部が持つ経営力が組み合わされます。お互いが知見と知恵を組み合わせて、さまざまな事業リスクと対峙するのです。

　具体的な協働の事例としては、皆さんは既に事業部のリスクマネジャーから聞いておられるでしょう。車載用デバイス事業部と本部が協力して欧州クライアントと交渉し契約を締結したケースです。3つの約束の中の第三者との契約に属するリスクマネジメントですね。契約リスク以外にどのようなリスクに関する協働があり得るのか気になっているかもしれません。

　先ほど、これまでも本部は事業部のリスク解決を助けてきたといいましたが、GRMにおける本部は、その業務姿勢を大きく転換することになります。理由はいろいろあるのですが、これまでの本部による仕事のやり方は受動的なスタイルであり、依頼されれば引き受ける的な待ちの姿勢であったと思います。

　ですが、GRMが開始された以上、これまでの受身的な対応を放棄して、積極果敢を旗印にしてもらうようお願いしております。事業部が本部にきたときに活動を開始するのではなく、本部が、これまでに蓄積してきた知見と知恵を、事業部に売り込んでいくのです。売り込んで成果を挙げる本部になるのです。本部は変わります。皆さんが抱える事業リスクを、新生の本部と一緒になってマネジメントしていただきたいと思います。

　最後になりますが、では、何故に事業リスクのGRMが急務なのでしょう。

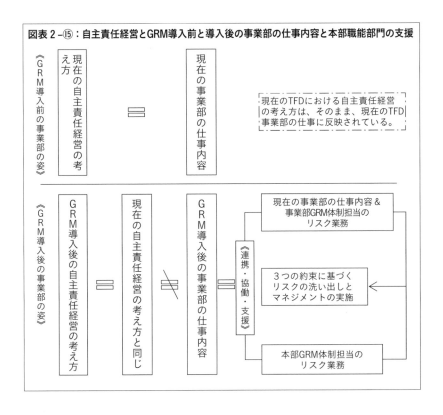

図表 2 −⑮：自主責任経営とGRM導入前と導入後の事業部の仕事内容と本部職能部門の支援

《GRM導入前の事業部の姿》

現在の自主責任経営の考え方　＝　現在の事業部の仕事内容

現在のTFDにおける自主責任経営の考え方は、そのまま、現在のTFD事業部の仕事に反映されている。

《GRM導入後の事業部の姿》

GRM導入後の自主責任経営の考え方　＝　現在の自主責任経営の考え方と同じ　≠　GRM導入後の事業部の仕事内容　《連携・協働・支援》

現在の事業部の仕事内容＆事業部GRM体制担当のリスク業務

3つの約束に基づくリスクの洗い出しとマネジメントの実施

本部GRM体制担当のリスク業務

　答えはいくつかあるでしょうが、答えの一つは、「TFDグループの国際競争力を向上させるため」ということだと思います。

　では、国際競争力を向上させるのは何のためでしょう。それは、「正しい利益を上げ、TFDという企業の社会的責任を、これまで以上に果たしていくため」です。

　リスクの処理を誤った結果、多額の罰金や損害賠償金を支払ったり、行政罰によって業務の停止を命じられたりすれば、TFDの競争力は落ちます。また、お客様やパートナーとのさまざまな目的を達成するための契約を先送りにすれば、売りが落ち込んだり、取得したり利用可能な権利を使えなかったりしても、TFDの競争力は落ちます。

　どのようなリスクであろうとも、リスクはマネジメントしていかな

ければ、本業の力強い推進は、非常に難しくなる。この点を、もう一度確認していただきたいと思います。皆さんの衆知を集め、GRMを成功させたいと思います。

　佐藤社長に続いて、CREOの山下副社長が登壇した。

山下 皆さん、遠路はるばるTFDの本社に来ていただき、有難うございます。最近、以前ほどには海外に出かけておりませんので、海外事業場についての私の理解には、いささかカビが生えたところがあるかもしれません。間違っていたら、ご容赦下さい。

　ご承知の方もおられるかもしれませんが、恐らく私は、TFDに最も長く勤務している社員かと思います。その間、ほぼ100％、技術と製造の世界におりました。40年の間には、各種各様の環境変化といったものを体験して参りました。環境が大きく変化する度に、その変化に対応すべく、創意工夫といったものを繰り返してきたわけです。これまでのところ、そうした変化対応は、取りあえず効を奏し、TFDの業績は極端な落ち込みを経験せずに今日を迎えたということです。但し、それは、今までの話です。

　変化といえば、1990年代末から21世紀の最初の10年。これは、経済と経営にとって2〜3百年に一度といわれる大きな変化があった時代です。ところが、そうした変化は終わるどころか最近に至るまで、あるいは、今後もスピードを上げて続くと予想されています。良いとか悪いとかではなく、経済や経営の世界に政治や軍事といった要素が、国家安全保障という名前のもとで大きく絡んできているのですね。国家安全保障というのは、一国優先主義であり単独主義・独善主義の別名なのかもしれません。このこともあって、企業が抱えるリスクが、非常に複雑になってきているのです。最近では、現代世界の2つの大国同士の覇権争いの様相も出てきています。政治や軍事が絡みますと、経済的な合理性は歪んでしまいますから、リスクの対応は複雑にならざるを得ません。厄介です。

GRM活動に基づく協働の本質は、対立と調和と考えられる！

山下 そのような複雑化しているTFD事業のリスクを、客観的に正しく、かつタイムリーに、継続してマネジメントしていく。その目的でスタートしたのがGRMです。

　　　GRMの特徴はいろいろありますが、私が、一番の特徴であり、期待しているのは、本部プラス事業部の協働です。このチームが、GRMの展開の過程で如何なる仕事をし、成果を挙げていくのか、私はワクワクしているのです。この協働の意味を考えるのですが、私の結論は、対立と調和のプロセスだということです。

　　　本部と事業部は、TF株式会社が創業された後しばらくして設置された２大組織なのですね。お互いに、異なるミッションが与えられている。TF内部での位置づけは、事業部が主人で、本部が大番頭。番頭役は、主人を助ける役です。助ける役ではありますが、厳しいことも主人に言わなければならない場合がある。この２つの組織は、喧嘩をするといった対立ではなく、然るべき調和を目指したものでなければならない。こういうことです。

　　　今回、２つの組織は、協働という名称のもと、互いの経験と知恵を掛け合わせ調和して、リスクのベストなマネジメントを行わなければならない。私は、以上のような見方をしているのです。協働は、お互いのためですが、最終的には、TFDグループの利益のためです。この場合の利益というのは、単に金銭的財産を意味しているのではありません。社長がおっしゃたように、TFDの社会的責任を果たすという意味です。

協働は、丸投げをするためではなく、衆知を集め学ぶことを目的としている

山下 協働するというのは、事業部が主体的に行うべきGRMを事業部プラ

ス本部のチームで行うということです。事業部がやるべきGRMを、事業部が本部に丸投げすることではありません。協働を通じて、事業部は本部を知り、本部は事業部をより深く理解するということです。本部と事業部の共存共栄を試みる場。それが協働で期待されているのだと思います。

　先ほど、佐藤社長は、事業部リスクは何であれ、協働で解決すればよいとの発言をされましたね。その真意は、私が申しましたように、共存共栄を促すということだと思います。

　以上です。正しい協働を積み上げて参りましょう。

　CROMの伊藤部長にバトンタッチします。

伊藤　本日の会議における私の担当は、次第の第4項目です。4月に開催された第1回国内GRM会議で私が話した内容は、スピーチの原稿が今日の会議参加者の皆様に、メールで配信されています。加えて、本日の会議に出席されている親元事業部のリスクマネジャーの方から、スピーチ以外の情報も入手されているようです。

　ただ一点、第1回国内GRM会議の場で触れることがなかった安全保障貿易管理の話を、本部法務部傘下の安全保障貿易管理室の山崎室長の方から簡単に紹介してもらいたいと思います。それ以外は、皆さんが抱いておられるGRMに関する疑問やご質問をお聞かせ願い、お応えできるものはこの場でお応えし、できないものがあれば、後日メール等でお応えする。そのようにしたいと思います。それでいかがでしょうか。

山崎　法務部安全保障貿易管理室の室長をしております山崎です。よろしくお願いいたします。

　この分野で、注意を喚起していただきたいのは、国家安全保障に関するところです。ご承知のように、米国はしばしば、米国の、貿易赤字の原因が他国の不公正な取引慣行や政策にあるとして、法的手段や行政手段に訴えて両国間の貿易を都合よく調整してきました。部長の伊藤がTFUSAに出向しておりました80年代の約10年間、米国は、日

本に対して重層的な法的妨害と日米政府間協議を通じて、日本製商品の対米輸出を抑制させ、その一方で、米国製の特定商品の購入を義務付けたりしました。

物品の貿易取引以外の、例えば、先端技術の分野では、経済スパイ法の適用や、日本ではなじみのない捜査方法等を用いて、米国の機密情報の窃盗や不正流用等を阻止しようとしてきました。その多くは、和解とか自主規制といった政治的な手法で収拾されたために、事の真相は分からないままに終わりを迎えたように思います。

現在進行形の２大国間の貿易摩擦の協議の最中に、その意図はともかく、米国は、重要な先端技術の盗用という理由で、相手国企業や社員を起訴したとマスコミは伝えています。米国の動きは、単純な法的トラブルではなく、また、単純な貿易上の問題を処理しようとするだけのものではないような気がします。

こうした状況においては、TFDも、グループ全体が、事業関連法令のコンプライアンスに関しては、細心の注意を払い、所要の政府許認可の手続きを、誤りなく取得していかなければなりません。安全保障貿易管理の内容の詳細は、皆さんの親元事業部の貿易管理部門からの情報提供も頻繁に行われています。今後とも親元事業部との連携を密にして業務を進めていただきたいと思います。相互のコミュニケーションを絶やさないようお願いします。

安全保障貿易管理においても３つの毒の排除が肝

外山 どのような点に注意を払うべきかなのですが、GRMに基づく安全保障貿易管理の際には、３つの毒を念頭において業務を行うということです。無知や故意は論外ですが、頻繁に起こるのは過失、すなわち、ケアレスミス、うっかりミスの類です。ケアレスミスは、ベテラン社員でも犯します。ご注意願います。

　外山室長の説明が終わり、何名かの会議参加者からの質問等が続いた。

　質問に対しては、第 1 回国内GRM会議の際の質問に類似の内容が大半であり、伊藤部長はその場で応えることができた。会議は、支障なく終了した。

第 3 章

グローバル・リスクマネジメント
の進化と「正しい経営」
の更なる確保を目指して

第 1 節 スタートからの 6 カ月を振り返る ～社長提案による 3 人会～

本年 4 月にスタートしたグローバル・リスクマネジメント（「GRM」）から半年が経過した。4 月の第 1 回国内GRM会議、5 月の第 1 回海外事業場GRM会議を経て、TFデバイス株式会社（「TFD」）のGRMは、大きなトラブルの発生もなく順調に推移した。GRMの進捗状況については、GRM規程（図表 2 -⑩参照）にしたがい、原則的に、3 カ月に一度、CREOが毎月の定例取締役会において報告する決まりとなっている。

しかし、与えられている時間内での報告は、どうしても形式的な内容に終始する傾向となる。このため、佐藤社長は、事業年度の半期終了毎に、佐藤社長、CROEの山下副社長、CROMの伊藤法務部長の 3 名で、各人が判断するGRMの状況を率直に話合い、今後の活動に活かすための機会を設けようという提案を行った。その機会は 3 月と 9 月下旬の土曜日とされた。

この機会は、佐藤社長により 3 人会と名付けられた。3 人会が開かれる場所は、京都・東山にあるTFグループ研修センター会議室であった。

第 1 回目の 3 人会

佐藤 早速、本題に入りましょう。お二方、この半年、本当にご苦労様でした。直近の定例取締役会で、CROEの山下副社長から、この半年間のGRM活動とGRM体制の動き、特に、この 6 カ月でできたこと、できなかったこと、及び本事業年度下期の 6 カ月における行動計画の一覧を取締役全員のパソコンに映し、およそ30分を費やして報告してもらいました。非常に分かりやすい説明でした。

出席した取締役事業部長の様子を観察していたのですが、全員、山下副社長の話を真剣に聞いていました。担当する事業部の場面になると、手元に配布されていた資料にメモを書き込んでいる事業部長が散

見されました。これまでのところ、GRM活動に対する事業部長評価は高いと思います。私の耳には、GRMに関する否定的なウワサは全く聞こえてきません。

GRM構想の立案を、今年の1月、伊藤部長にお願いしました。各事業部と事業部傘下の事業場がどのような反応を示すのか、関心を持っていました。

4月の第1回国内GRM会議の席で、車載用デバイス事業部長の口から、TFD自主責任経営の考え方及び事業部組織のあり方について大賛成との意見表明がありました。しかも、他の事業部長も同じく賛成であるとの声が多く寄せられた。

しかしながら、どの事業でも同じですが、事業の最高責任者である社長が、担当事業のリスクを理解できないままに仕事を引き受けるというのは許されないことです。ですから、早期に事業全般のリスクを洗い出し、対策をとるためのGRM構想をいち早く立ち上げ、軌道に乗せたいと思案していたのです。

運よく、僕の赴任のちょうど3カ月前に、TFDに異動していた伊藤さんが、法務責任者として事業リスクの洗い出しを考えているということを知りました。そこで、彼にGRMの枠組みづくりお願いしたということです。

僕の思いに所要の肉付けをして、「17の主要ポイント」から成るGRMの基本の枠組みを作成してくれました。「17の主要ポイント」は、実によくできていました。「17の主要ポイント」に沿って開かれた第1回国内GRM会議の場では、事業部長によるGRM活動に対する積極的なコミットメント表明がありました。そして、GRMの日常活動が本格的に始まるのです。

潜在していたリスクも表に出ました。事業のあるところ必ずリスクはあるはずです。これからも気を許すことはできないと思いますが、とりあえず、船でいえばTFD丸の順調な航海が続いているような感じがしています。とりあえずホッとしているということです。

成果は、自主性を再認識し事業部長が率先垂範し始めたこと

佐藤 特に嬉しく思うのは、TFグループ経営の基本方針である自主責任経営の素晴らしさと、それを支えている組織と各人の自主性自立性というものパワーを、改めて自覚できたという点です。各人が持つ自主性を信頼し、経営のあり方とGRMの一体化を図るということを大きな課題とする。この把握の仕方は、GRM推進にとって大変有効であったのではないでしょうか。

どの事業部長も、GRMに参加している社員全体に、熱意と活気を感じると評価してくれています。リスクマネジャーがまず自主性を発揮する。その熱意とエネルギーが、チーム全体に伝わっていく。チーム全体の熱意は、次々と周辺の小集団やチームに伝播する。そんな印象を持っているというのです。

僕の印象では、こうした現象は、幹部や社員のレベルだけではなく、事業部長自身に感じましたね。事業部長が率先垂範すれば、事業部全てが力強く動く。組織力とはそうしたものを云うのでしょう。

本部と事業部の協働がいい結果に結びついた

山下 全く同感です。社長が私達に、GRMにも自主責任経営の考え方を活かしてもらいたいといわれたときには、これほどまでのエネルギーが、こんなにも早く産み出されるとは、正直、思っておりませんでした。

事業部がしなければならない仕事のある部分を、事業部プラス本部という協働の中に落とし込んだ。しかも、そのスタイルを、新しい事業部モデルとして積極的に推奨したというのは大正解であったと思います。事業部がしなければならない仕事の中には、得意な部分と、苦手な部分があります。私は、事業部長経験が長かったですから、この

点よく分かっているつもりです。

特に、今の事業部は、外国企業との取引を自身で行い、完結するというというのは難しいと思います。物を売ったり買ったりするのは、事業部の核心的な仕事、すなわち本業です。本業に関しては、経験の蓄積があり、十分にこなせる訳です。ですが、売った商品なりが不具合を起こした。そして、不具合をどう処理して、どのように和解すればよいのかとなると経験が少ない。ついつい拙い状況を生み出してしまい、お客様の怒りをも買ってしまう。信頼にも傷がつきますし、高くつく結果になります。

その中には、数年以上も和解の話を続けているという案件もあったのです。その件は、GRM開始直後、伊藤部長が事業部に行き、事業部長と直談判し、すぐ現地で交渉。和解契約の覚書を結び、社内の手続きを踏んだ後、正式に和解が成立したのです。社長もご存じのケースかと思います。

佐藤 ええ、事業部長から話を聞きました。

山下 これなど、ほんの一例に過ぎません。要するに、外国というのが仕事の中に入っていると、嬉しい気持ちがわきあがるのですが、具体的な事業部の動きは鈍くなる。今日のグローバル市場における外国企業との取引は、コスト面での要求も厳しいですし、取引条件そのものが随分厳しくなっていますから。ましてや、前向きの話でない場合となりますと、取り扱いは厄介になります。その分、事業部が抱えるリスクは大きくなってしまうのです。

私の判断では、海外案件を、ある程度主体的に処理できるかもしれないと感じさせるのは、車載用デバイス事業部位だと思います。事業部長の杵渕さんは、海外経験も豊富で、交渉のあり方のノウハウといいますかコツをつかんでいると感じます。全事業部の中で本部のGRM体制を頻繁に活用しているも車載用デバイス事業部でしょう。伊藤部長、どうですか。

伊藤 そうですね。彼らとの協働の機会は多いです。車載用デバイスの事業

がグローバルに活況を呈していますから、海外取引のチャンスはウナギ登りです。確かに、車載用デバイス事業部は非常に上手に本部のGRM体制を使っていると思いますね。

山下 それはどういったことでしょう。

伊藤 事業リスクが顕在化する前の段階で、私達本部体制チームに声をかけているということです。つまり、事業計画の検討段階で、CROMの私や他のメンバーに、リスクの対応要請を依頼しているということでね。こうすることによって、起こり得るリスクが形を整える前に、多面的に検討できるということになります。事業部自身が想定していないリスクを、本部チームが指摘するということもよくあるのです。協働の強みであり長所だと思います。

山下 車載用デバイス事業部は、TFD・GRMの先駆けの一つとして、他を牽引する役割を担ってもらいたいものです。私としては、とにかく、外国とか海外といった文字が入った仕事には、本部の積極的なサポート姿勢が不可欠だというのが、私の見立ての内、一番の関心事項でした。但し、事業部による自主責任経営という肝の部分を忘れないようにしなければならないとは思います。事業部と本部の協働が、決してもたれ合いの構図にならない。依存的な態勢にならない。この点が重要です。伊藤部長とよく話し合いながら、よく監視したいと考えております。

佐藤 さて、日常のGRM活動で寝る暇もないと思われる伊藤部長ですが、この6カ月はどうでしたか。

伊藤 どの事業部も、GRMが始まったのは、とにかく良かったと感じているようです。特に、本部のGRM体制の設置、及び本部体制による事業部サポートは、今か今かと待っていたとの感がしました。その理由は、佐藤社長、山下副社長が仰った通りだと思います。製品の開発・製造・販売、それにサービスに関わることは、何でもこなさなければならないのがTFD傘下の事業部です。とにかく、グローバル競争に対応しなければならない事業部としては、いくら時間があっても足り

ないといった切羽詰まった状況がよく理解できた6カ月でした。

　協働で考える中、重要なことが一つわかりました。それは、私達本部のスタッフ部門は、収支についての責任はないと言われていますが、実は、そんなことははないのです。確かに、本部は、利益を直接的にあげることはできません。しかし、事業部門の活動をサポートする本部のあり方や仕事の進め方いかんによって、事業部経営の効率性は大きく左右されるのです。つまり、事業部利益に間接的に影響しているのです。GRMを行う中で、従来のスタッフ業務のやり方では不十分であること。このやり方では、事業部からの信頼を獲得することが無理なのは当然だったのだと痛感した6カ月でもあったのです。

　TFグループでは、本部の役割は、事業部の仕事の邪魔をしないことであると言われてきましたが、邪魔をしないというその意味は、時代によって変化する。時代に関わらず、いつも同じというのはおかしいということです。時代に即したあり方というのが大事なのです。そのように考えますと、今という時代におけるTFD本部のあり方は、それに沿ったあり方でなければならない。そう確信したのです。

伊藤が感じた協働の必要性

伊藤　結論を申しますと、事業部が行わなければならない業務の中で、海外案件なり外国が関与するものは、全て本部プラス事業部チームで行う。チームにおいて、それぞれの役割を果たしながら協力し、交渉を通じて相手先企業と事業部の間でWIN-WINの関係が構築できるように支援する。そうしたスタイルが、これからのTFD流事業部制のあり方と定義してよいという考えに至りました。

　先程、山下副社長から車載用デバイス事業部の事例が紹介されました。実を言いますと、この事業部が、かなり早い段階で本部に声を掛け、本部のGRM体制を、案件に巻き込むというスタイルは、本部の私達にとっても意味があるのです。つまり、事業部の仕事の中身が分

からない私達本部スタッフは、事業部プラス本部の協働スタイルを通じて、当該事業部の仕事の内容や苦労といったものが共有できるようになるだろうということです。

このスタイルによって、本部は事業部のことを、知ることができるということです。

協働とは、お互いに一歩踏み込んだリスク共有の業務スタイル

伊藤 本部と事業部間の双方向の意思疎通が、これまでとは異なる次元で行われるようになりますから、お互いの意見も本音です。バイアスが掛かりません。交渉において、事業部が本当に危惧していることも分かります。例えば、和解交渉であれば、事業部長はどの位の金銭であれば相手に支払っても構わないと考えているのか、その本音が明らかになります。従来にはなかったことだと、私の部下達も言っています。

GRMにおいて最も重要なのは、事業リスクの共有ですが、それが高いレベルで実現することに繋がっていく。そのように感じます。車載用デバイス事業部との協働のあり方は、他の事業部にもお願いしています。徐々にではありますが、同様のアプローチをしてくれるところが増えてきています。

協働は本音のやり取りが前提となる！

伊藤 GRMを成功させるには、いくつかの条件があると思います。前提となる基本条件は、本部も事業部も、本当のことを語る。すなわち、本音で意見を交換し、本音で納得し、本音で実践するということです。本音が全てです。

佐藤 本当にそうです。本音というのは、換言すれば、素直ということでしょう。創業者が、終生目指されたという境地ですね。車載用デバイ

ス事業部が本部に対し頻繁に声を掛けてくれ、本音が語り合い、解決策を練るという姿は、本部と事業部が共に成長していくための今日的なモデルだと思います。

　しかし、始めからこの本音レベルに達したのではないと思います。車載用デバイス事業部が、本部に対し信頼を置くようになった事例を、僕が聞いた範囲で紹介しておきたいと思います。この話、事業部長から電話とメール双方で伝えられたものです。

協働の成果事例：国際契約交渉

伊藤　車載用デバイス事業部傘下の欧州海外事業場は、約2年前から、ドイツのミュンヘンに本社がある車載用デバイスメーカー最大手（「欧州クライアント」）に、自分たちの欧州工場で製造したTFD製デバイスの売り込みに注力していた。僕も今年1月のTFD着任直後に、事業部長から状況についての報告を受けてはいましたが、その中身について詳しくは知りませんでした。

　事業部長によれば、売り込みをかけたのは良かったが、この欧州クライアントの標準フォーマットである車載用デバイスのグローバル購入契約書（global sale and purchase agreement）を結ばない限り、商品の受発注はしない。「これは、本社のグローバル部材調達本部（global headquarters device and materials purchase division）の基本ポリシーだ！」との主張を繰り返すばかりだったらしい。海外事業場の責任者は、欧州クライアントの本社に何度も足を運んで、グローバル購入契約書の一方的過ぎる条項について、わずかばかりの修正を頼んだそうです。しかし、欧主クライアントは頑として受け入れない。

　こうした状況の中、4月にGRMがキックオフした。タイミングも良かったのだと思います。事業部長は、欧州クライアントとの交渉の硬直状況をCROMの伊藤部長に伝えた。いつか時間があるときに、

　　　伊藤部長からそのあたりの話や交渉のやり取りを、少し細かに聞きた
　　　いと思うのですが、とにかく、欧州クライアントと欧州海外事業場と
　　　の契約は、無事結ばれたのです。クロージングの場所は、欧州クライ
　　　アントのミュンヘン本社だったそうです。この時の契約は、事業計画
　　　の中でも重要なものでしたから、本部のサポートには心底感謝してい
　　　たと思います。

山下　今のような話を聞きますと、やはり、仕事というか物事というのは、
　　　実務面で具体的に助け合って成果を出し、その成果を共有するという
　　　事実の積上げが大事だということですね。協働を通じても結果が出な
　　　いと、いくら理屈で説明しても感動や感謝の念というのは生じませ
　　　ん。

　　　　実務面での成果が目に見える形で積み上がっていけば、そこに、自
　　　ずと信頼が生じます。事業部は、利益責任を負っていますから、今回
　　　のように利益に結び付く契約の締結に、本部が貢献してくれていたと
　　　なれば、心底有難いと感じるはずです。事業場にとって、これまでは
　　　遠い存在であり、ときには疎ましい存在でもあった本部が、事業現場
　　　が抱える難しい課題の解決のために動いてくれるというのは、嬉しい
　　　ことだと思いますよ。

GRM活動を受容する職場風土をつくる！

　　山下副社長の話はさらに続いた。

山下　この6カ月、私は、GRM活動の実務は、伊藤部長に任せきりであり、
　　　丸投げの状態でした。伊藤部長とはGRM状況の情報交換や課題の共
　　　有等は頻繁に行っています。ですが、GRMの実務は丸投げの状態で
　　　す。

　　　　GRMの中での私の役目は、事業に関わる業務を事業部単独で解決
　　　していくという従来型の自己完結スタイルを見直し、本部の能力を積
　　　極的に活用するというモデルに転換していく。その転換のために事業

部の背中を押すというのが私のミッションだと考えたのです。ミッション達成のため、本部と事業部には、次の2つのことを実現してもらおうと考えました。

① 対本部：具体的に事業部の助けになるサポートを継続して提供すること

② 対事業部：GRMを受け入れる職場環境、職場風土を醸成してもらうこと

①は、既にCROMの伊藤部長を軸に、積極的に進めてもらっています。先程、社長が紹介された車載用デバイス事業部長からの感謝の電話等は、その成果の現れです。伊藤部長、大変でしょうが、この点、引続きよろしくお願いします。

②は、①を補完するものですが、単なる補完ではなく、①を前提とするものです。①がうまくいっているから②がうまくいくということです。事業部の経営は、事業部の最高責任者である事業部長次第です。事業部長が右といえば右であり、左といえば左となります。それだけの権限が与えられています。その分、成果に対する責任を一人で背負わなければなりません。孤独な存在だと思います。成果につながるものは大歓迎されます。

反対に、そうでないものは、それなりの協力しか得られない。そのように考えておくことが大事だと思います。①の活動に対しては、事業部長は諸手を挙げて大歓迎で大賛成となります。

では、GRM活動のもう一つの重要事項であるコンプライアンスについてはどうでしょう。

伊藤 山下副社長としては、コンプライアンスは、事業部にとっては必ずしも大歓迎とはならないかもしれないということですね。

コンプアイアンスは、正しい経営を行う上で、事業部とってもTFD全社にとっても、絶対に重要なものです。以前よりも、今、そしてこれからの世界は、企業に対して規範やルールのコンプライアンスを、厳しく求めてくるのは間違いのないところです。そうした環境

を、私達は受け入れていかねばなりません。ただ、コンプライアンスというのは、その性格上、本部から事業部への一方的な指示であり命令であり、「問答無用、遵守せよ」の世界です。しかも、コンプライアンスは、従来、事業部が享受してきたかもしれない利益確保の方法を断ち切ることになるかもしれません。つまり、理屈の上では理解できるものの、コンプライアンスに対しては心情的・感情的な抵抗感が生じるかもしれません。

山下 ズバリ言えば、そうですね。

伊藤 確かに、その危惧がないとは言えません。そのことを考えさせてくれたのは、車載用デバイス事業部の方たちと契約交渉の話をしていたときでした。ある幹部社員がこう口にしたのです。「事業部の業績に影響するかしないかというのが、事業部長最大の関心事です。ですから、この関心事を本部の皆さんにも共有していただく必要があります。そして、今回のようなサポートをどんどんやっていただきたいのです。つまり、本部からのサポートは事業部に対する貸しとなります。貸した分が増えれば増えるほど、借りた側の事業部は、いつか借りた分、或いは借りた分以上のものを返したくなるはずです。」私は、なるほどと思いました。コンプライアンスの要請が、この発言に当てはまるのかどうかは分かりませんが、念頭に置いておくべきことなのかもしれない。そう感じたのです。但し、コンプライアンスというのは、貸し借りがあってもなくても、正しいTFD経営のためのものです。好き嫌いでの判断に左右されるものではないと考えています。

佐藤 面白い話ですね。伊藤部長の考えも事業部社員の発言も、ともに融合させながら、コンプライアンスやその他のGRM活動を進めていく。それでいかがなのでしょう。

山下 理想と現実。ともに切り離せない要素だと思います。

伊藤 事実、コンプライアンスは、もはや事業経営のお飾りではなく、事業そのものでもあります。コンプライアンスの対象次第では、時代の先取りであり、工夫次第で収益の源泉にもなっています。以前であれ

ば、コンプライアンスの対象といえば、何が何でも法令なり規則でした。しかし、90年代以降、それは企業倫理や経営者の倫理といったものをカバーするようになり、企業の行動規範といった形に結実しています。それをどのように実践するかが問われる時代です。

　正しい経営を行う。不正はしない。不正をしなければ得られない利益は要らない。このような企業行動や経営者の毅然とした姿勢は、激しさを増しているグローバル社会において、本格的に歓迎されるようになってきていますから、市場における強みとなると私は確信しております。

　TFDの場合、3つの約束に沿ってのGRMであり、コンプライアンスですから、考え方としての落ち度はないと考えます。それを事業部に対して分かりやすく解説し、彼らが自分の仕事に落とし込みやすいようにしなければなりません。関係者の知恵を集めます。

物事は、責任者による率先垂範があってこそ！

佐藤　山下副社長、伊藤部長、コンプライアンスの方法と時期について決まれば、連絡ください。コンプライアンスは、TFDグループトップの僕の率先垂範が大事だと自覚しています。これも、どういうやり方をすれば最も効果的なのか考えたいと思います。

　伊藤部長、次はあなたの番です。GRM活動の実務は、伊藤部長に丸投げだったと山下副社長は言われました。実は、僕もそのように認識しています。これからも続くと思いますから、覚悟のほどお願いしたいと思います。報告が長く、また、少々詳細にわたっても構いません。むしろ、私達二人のリマインダーのため、総括していただければと思います。

伊藤　この6か月を経て、GRM活動全般の状況についての感想を申し上げ、その後にGRM体制を維持・促進するための個別要素に関して子報告するというステップを取らせていただきます。

| 第2節 | # TFD流のGRM活動のベースは「3つ」 |

伊藤　次に、GRM体制を構築・運用するうえで、特に、重視して参りました個別の要素についてご報告致します。当初に提起致しましたのは以下の3つの項目です。

(1)　組織の成立と成長に必要な3つの基本的要素：①共通の目的、②協働の意志、③コミュニケーション

(2)　GRMの基礎としての3つの約束：①社会規範、②社内規範（社内のルール）、③第三者との契約

(3)　GRMを阻害する3つの毒：①無知（不知）、②過失、③故意

3項目の一つひとつについてご報告いたしますが、その前に、

海外事業場をカバーするTFDのGRM体制（図表3-①）の維持と成長、さらに安定を確保するため、(1)(2)(3)の項目は、3つで1つの3点セットであり、TFDのGRM制の維持と成長、さらに安定を確保するため、相互に有機的に結びついておかねばなりません。(1)(2)(3)のいずれか一つでも機能不全を起こせば、GRM体制の参加メンバーの信頼が損なわれるようになります。その結果、GRMの活動は弱まっていくに違いないと考えてきました。したがいまして、CROMの私はもちろん、本部GRM体制チームに所属する本部傘下の各職能部門のリスクマネジャーに対して、3項目全てに対し、常に、細心の注意を払うようにお願いして参りました。

　GRMのTFD全社体制を勘案する場合、事業場の自主責任経営（autonomoUSAnd responsible management　by each division）の精神を最大限活かすようにとのご指示が佐藤社長からございました。併せて、GRMを進める際、TFD本部の考え方なりを、所謂、上から目線で事業部に強要するようなことがないようにとの要請もございました。

143

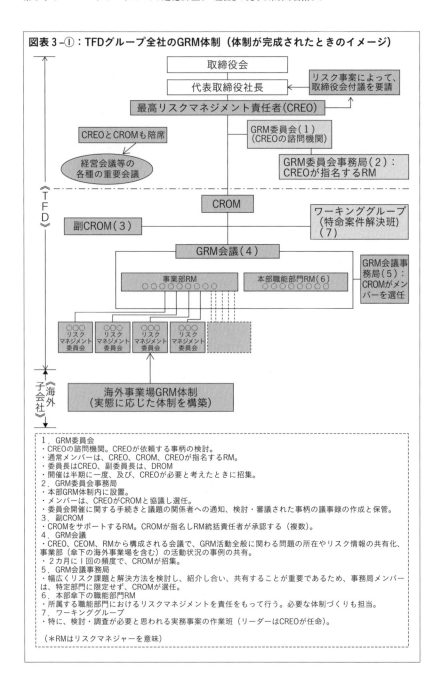

図表 3 –①：TFDグループ全社のGRM体制（体制が完成されたときのイメージ）

取締役会

代表取締役社長 ← リスク事案によって、取締役会付議を要請

最高リスクマネジメント責任者（CREO）

CREOとCROMも陪席

経営会議等の各種の重要会議

GRM委員会（1）（CREOの諮問機関）

GRM委員会事務局（2）：CREOが指名するRM

《TFD》

CROM

副CROM（3）

ワーキンググループ（特命案件解決班）（7）

GRM会議（4）

事業部RM ○○○○○○○○

本部職能部門RM（6） ○○○○○○○

GRM会議事務局（5）：CROMがメンバーを選任

○○○ リスクマネジメント委員会

○○○ リスクマネジメント委員会

○○○ リスクマネジメント委員会

○○○ リスクマネジメント委員会

《海外子会社》

海外事業場GRM体制（実態に応じた体制を構築）

1．GRM委員会
・CREOの諮問機関。CREOが依頼する事柄の検討。
・通常メンバーは、CREO、CROM、CREOが指名するRM。
・委員長はCREO、副委員長は、DROM
・開催は半期に一度、及び、CREOが必要と考えたときに招集。
2．GRM委員会事務局
・本部GRM体制内に設置。
・メンバーは、CREOがCROMと協議し選任。
・委員会開催に関する手続きと議題の関係者への通知、検討・審議された事柄の議事録の作成と保管。
3．副CROM
・CROMをサポートするRM。CROMが指名しRM統括責任者が承認する（複数）。
4．GRM会議
・CREO、CEOM、RMから構成される会議で、GRM活動全般に関わる問題の所在やリスク情報の共有化、事業部（傘下の海外事業場を含む）の活動状況の事例の共有。
・2カ月に1回の頻度で、CROMが招集。
5．GRM会議事務局
・幅広くリスク課題と解決方法を検討し、紹介し合い、共有することが重要であるため、事務局メンバーは、特定部門に限定せず、CROMが選任。
6．本部傘下の職能部門RM
・所属する職能部門におけるリスクマネジメントを責任をもって行う。必要な体制づくりも担当。
7．ワーキンググループ
・特に、検討・調査が必要と思われる実務事案の作業班（リーダーはCREOが任命）。

（＊RMはリスクマネジャーを意味）

　本部が強要してでき上がった体制なり組織、あるいは活動といった
ものは、形は整っていても中身は脆弱なケースが多く、直ぐに破綻し
てしまう。

　物事というのは、自分達が主人公となり、自分たちの利益のため
に、自主的に創り上げていくものでなければならない。自分たちの自
主性に基づいて、創意工夫されたものは、長続きし成功する可能性が
高い。その理由は、その物事に参加する人達が、責任を共有し、納得
づくで参加するからです。社長のご指摘の内容は、そうしたご趣旨で
した。

　ご指示を受け、私たちは、まず始めに GRM 体制という組織のあり
方はどうあるべきなのか。組織の存在とその後の成長発展のために
は、どのような要素を考えなければならないのかを考えました。必要
な要素を考えるうえで、以下の 3 点を念頭に置きました。

　㋑分かりやすさ

　㋺当たりまえ

　㋩実践できる

　㋑㋺㋩の 3 点を念頭に置きつつ、上記(1)の組織の生存と成長のため
に不可欠な 3 つの基本的要素を抽出し、GRM 体制（組織）の基本の
枠組みを考えることにしたのです。

　3 つの基本的要素の内のいずれかが脆弱化してしまうと、他の要素
に悪い影響を及ぼすようになる。一旦その状態に陥ると、仕組み自体
が液状化し始め、最終的に仕組みは崩壊してしまうに違いない。そう
考えました。したがって、3 つの基本的要素である、①共通の目的、
②協働の意志、③コミュニケーションの 3 点の一つひとつが健全な状
態にあるかどうかに注意を払い、①②③の 3 つがワン・パッケージと
してバランスよく機能しているかどうかを確認してきました。

　具体的には、本部の GRM 体制チームのメンバー各位に、担当制を
敷き、担当する事業部と各事業部の傘下にある国内外事業場の GRM
の活動状態をウォッチしてもらうようにしたのです。

　　メンバーの中には、ほぼ毎日連絡を取っている担当者もいます。その担当者によりますと、その結果、コミュニケーションが大変スムーズとなり、事業部サイドからの意見なり提言が多くなって来ているとのことです。

1　3つの基本的要素についての報告

(1)　3つの基本的要素の中のコミュニケーションについて報告
　　〜コミュニケーションは、業務に不可欠な報告であり対話である〜

伊藤　私は、3つの基本的要素の内、①共通の目的、及び②協働の意志（すなわち、モチベーションのこと）の2つの橋渡しをしているのが、「③コミュニケーション」だと理解しています。

　　ただ、このコミュニケーションという機能は、単に、意思を伝えるといったものではないと考えています。情報等の伝達というレベルのものではなく、発信側と受信側双方による業務の報告であり、商品売買における受発注業務だと捉えています。

　　例えば、業務報告というのは、相手に対して安心感を与えることを目的の一つとする行為です。信頼を醸成する上で大変大切な意思のやり取りだと理解しています。要するに、相手のことを考えての物言いです。報告の中身が曖昧であれば、報告を受けたものは不安になります。

　　昔のことですが、新入社員の時代、私が何かを時の上司に報告したところ、その上司は私に、「君の言いたいことは何か、よくは分からない。伝えたいメッセージ何か？」と、柔らかい口調ではありましたが、はっきりと言われました。そのとき、私は、緊張もしており、確かに、簡単明瞭な言い回しができてはいなかったのです。その注意に

よって、それ以降の報告のあり方は、確かに変わったと自覚します。相手が欲していることを、分かりやすく伝える。それによって、相手は、事態を理解し、安心する。それが、仕事の世界での報告という意味だと理解できたのです。

山下　伊藤さんでもそんな経験がおありですか。

伊藤　もちろんです。GRM活動は、これまでにない新規の活動ですから、特に今の段階では、こちらが伝えたい情報を一方的に伝達しても、形式的なリアクションしか期待できないのではないかと心配しています。相手の事業場の内部事情等の理由で、こちらが伝えた内容をそのまま受入れることが難しいのかもしれません。

　相手からの反応は、「分かりました」というものであっても、本音のところではそうではない場合もあることでしょう。こうした意味でのコミュニケーションがしっかりできておれば、共通の目的や協働の意志といった要素は、十分に維持されるはずだと考えております。

　それに、先程申し上げましたように、自主責任経営の本旨を活かして、各事業部にGRMをやってもらわなければなりませんから、本部に席を置く私としては、事業場のGRMのあり方それ自体に、直接切り込むようなことは避け、彼らの意欲といったものをさらに高めるためのコミュニケーションを繰り返すことにエネルギーを費やしてきたつもりです。

　全体的に見まして、事業場と本部間のコミュニケーションは、以前と比較して格段に改善されていると認識しています。とにかく、本部に対する依頼なり要望、相談事といったものが非常に増えています。コミュニケーションがしっかりできておれば、制度や仕組みが掲げる共通の目的も自ずと共有されるようになり、目的を達成するための協働の意志も培われていく。そのことを実感している状況と申せます。

　コミュニケーションは、組織の内部を健全で正しい状態にしておくためだけではなく、異なる組織間の関係を良好に維持しておくためにも重要な役割を果たすと思っております。

GRMにおけるコミュニケーションの共通言語は英語と日本語の２つ！

伊藤 GRM体制の維持と成長ための共通言語は、原則、日本語と英語の２つです。状況次第では、中国語が加えられます。TFDのようなグローバル企業グループの場合、良好なコミュニケーションは、事業推進のための血流であり、神経であり、要するに、生命線そのものだと認識しております。いくらコンテンツが素晴らしくても、相手に伝わらねば意味はありません。特に、私達日本人社員にありがちなことですが、何ら特別の意図はないにしても、日本人同士で集まるといいますか、群れるといった深層心理から来る癖のようなものがあります。私のアメリカ出向中でもそうした状況は、ここかしこで散見されました。そこで話されるのは、日本語です。

　TFDのGRM活動は、事業場による自主的な活動が中核ですが、TFD本部発の指示や要請、助言等が相当多い状況です。メッセージの受け手は、組織としては、日本の事業部（国内事業場を含む）と海外事業場が、ほぼ半々ですが、社員の数としては、日本人と外国人の比率は、外国人が60％以上となっています。つまり、現時点で、日本語によるコミュニケーションの受け手は40％でしかありません。

　意志なり情報なりが相手に伝わらないということは、その意志や情報は、受け手にとってははじめから「無いに等しい」ということです。外国語による伝達という点、海外事業場とのリスク・コミュニケーション、日本人社員と外国人社員とのミックス組織である海外事業場でのリスク・コミュニケーションを行う上で、言語は決定的に重要なことだと考えてきました。

　今回のプロジェクトでは、共通言語を２カ国語にしたことにより、現地で働く外国人従業員のみならず、日本人社員からもその評価は高いようです。組織の活力のためには、「はじめにコミュニケーションありき！」であると心に決めたTFUSA時代を思い出します。

　今、TFD社内では、海外事業場との間のコミュニケーションは、電話会議やテレビ会議で行われています。GRMに関するコミュニケーションも同様です。その場合、海外事業場からの参加は、日本人社員と現地採用の外国人社員双方が参加するというスタイルを基本にしています。このスタイルは、リスクの洗い出しには、ことの外、効果的だと実感しています。現地固有の習慣や特徴を知るためには、現地採用社員の知見と暗黙知がないと機能しません。土着のリスクとか現地特有の常識と呼んでいるものです。

コンプライアンス経営に欠かせない内部通報制度
〜これは、コミュニケーション機能の重要な一部！しかし、誤りなき運用を！〜

伊藤　コミュニケーション関連では、内部通報制度の問題があります。先般、大阪で開催された法務セミナー（主催は、ニューヨーク拠点の大手法律事務所）において、社名は伏してありましたが、我が国で著名な大企業（E社）の米国子会社で起きたかなりの額の会計不正の事例が紹介されました。この事件は、長年E社の会計部門責任者であった社員によって引き起こされた事件ということでした。

　講師の弁護士の話によりますと、10年以上の期間にわたり合計数百万ドルもの金銭が横領されていたのですが、部内の誰も気が付かなかったらしいのです。しかし、2、3カ月前に中途採用された会計士資格を持った若手課長が、帳簿に不信な点を見つけ、E社のCFOに相談したそうです。社内調査が詳細になされ、その結果、今回の不正が見つかったとのことです。

　会計部門責任者は、E社創業時代から働いていた人物で、仕事ぶりは誠実、笑顔が絶えず、部下にも親切ということで、マネジメントからの信頼も厚かった。そのせいもあって、彼の業務内容には誰も口を挟むことがなかったようで、そのことが、不正発見を遅らせた原因の

一つであったということです。不正の有無が調査されるまでの間、うすうす変だと感じていた経理社員もいたとのことです。ですが、何となく変だと感じられる状況を伝えようにも、「一体誰に伝えればいいのか分からない。仮に、相談しても、かえって自分に不利益が生じるかもしれない。怖かった。」そういう職場の空気でもあったらしいです。

山下　ベテラン社員や経理責任者による不正経理については、以前よりも最近の方が増えてきているのではないでしょうか。頻繁に耳にします。

伊藤　経理制度の不備、経理権限の集中、経理監視役の不在等々、不正が生じる原因は多岐にわかっていると思います。そうした不正発生の原因の一つとしてM＆Aによる企業グループの社内環境が変化する点が挙げられるようです。90年代に始まり、その後おとろえをみせることのない大小さまざまな規模のM＆Aは、それまでの比較的均一の思考なり、物の見方・考え方や価値観にある種の類似性を保っていたTFグループ社員層にも違いが生じたのです。企業風土なりが多様化したということです。

　創業以来の社員教育の内容を知らない他企業の社員が、瞬時に加わるのがM＆Aの特徴の一つです。それが、短期間で数回にわたり起こったのが90年代でした。

　先端技術の研究所やスタートアップ企業の株式取得等の増えてきており、TFDとは異なる本業を持ち、歴史と伝統を経てきた企業が、M＆Aという姿を通じてTFDに参加した。M＆Aは、米国が主導した米国流グローバル経営時代の一大特徴を示した事業の拡大展開と国際競争力強化の姿であり、その特徴を端的に表したものです。多様性が企業グループの際立った特徴になるという宣言でもあります。

　国内外で働くグローバル企業の社員がそれぞれに持つ価値観の違いや判断基準の違い、つまりは多様性が企業の体質等、そのあり方を変えるのです。多様性は、企業を強くする大きな引き金になり得るのは間違いのないところでしょう。

　しかし、その一方で、多様性に基づく新たなリスクが、業務の分野でも、考え方の分野でも、慣例・慣行の分野でも増えてきたということです。これらの中に企業不正等の問題が含まれます。その可能性が否定できないということです。したがって、TFDグループでは、これまで以上に注意を払う必要が生じた。特に、GRMの基礎となる3つの約束の観点からはそうである。そのように判断しているということです。

佐藤　そういう意味でも3つの約束こそベースなんですね。

伊藤　以上のような多種多様で、新たなリスクは、TFDが伝統的に維持してきた職場毎の公式のコミュニケーション・ルートだけでは発見が難しいか、あるいは、発見はできたものの報告のタイミングを失しているということが起こるかもしれません。また、職場の同僚による不正、あるいは、隣の部門におけるリスクといったものは報告されないかもしれません。他国で行われているような不正通知には報奨金を支払うというような仕組みは、TFDでは考えられないと思います。

　こうした状況を総合的に勘案しますと、TFDも、社内のコミュニケーション・ルートの複線化というものを検討し、できれば早期にこの複線化を実現してはどうかと思うのです。すなわち、現行の公式的で、上司・部下間の縦割りを中心とするコミュニケーション・ルートに加えて、内部通報制度という名のコミュニケーション・ルートを設置し、不正の通報に限定せずに、国内外のTFDグループによる事業から派生する緊急事態や非常事態といった非日常的なリスク情報をグループ内から、さらに、状況によっては、社外の利害関係者やサプライチェーン各社から発信してもらうということです。基本の構想は図表3-②のようなものです。

佐藤　今もこれからも、不正の発生は避けられないかもしれません。不正は起こるといった考え方で、可能な限り、不正を社内で抑制し解決していくということに重点を置くべき時代が来たのでしょう。TFDグループの活動が世界に広がっており、リスクの種類も質も大いに変化

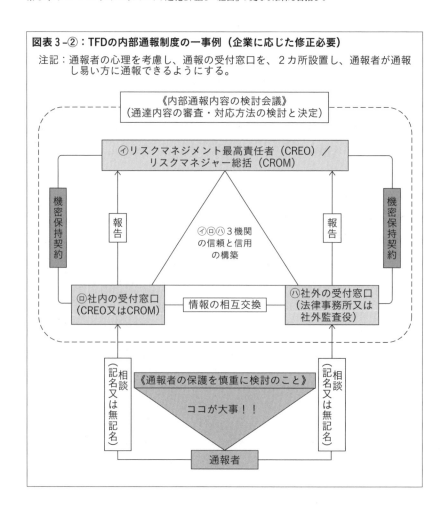

図表3−②：TFDの内部通報制度の一事例（企業に応じた修正必要）

注記：通報者の心理を考慮し、通報の受付窓口を、2カ所設置し、通報者が通報し易い方に通報できるようにする。

《内部通報内容の検討会議》
（通達内容の審査・対応方法の検討と決定）

⑴リスクマネジメント最高責任者（CREO）／
リスクマネジャー総括（CROM）

機密保持契約

報告

⑴⑵⑶3機関
の信頼と信用
の構築

報告

機密保持契約

⑵社内の受付窓口
（CREO又はCROM）

情報の相互交換

⑶社外の受付窓口
（法律事務所又は
社外監査役）

相談
（記名又は無記名）

《通報者の保護を慎重に検討のこと》

ココが大事！！

相談
（記名又は無記名）

通報者

しています。設置を逡巡すべきではないと、僕は思います。

内部通報の設置窓口

伊藤　ただ、この内部通報窓口の設置場所ですが、TFD社内の設置もさることながら、親会社のTF株式会社に設置し、TFDグループを含むTFグループ全社の事業経営の3つの約束に関わるリスクを、いち早

く通報してもらうという考えもありかもしれません。

佐藤　TF本社の考えはどうでしょう。TFDにとっても重要なコミュニケーション・ルートとなるでしょうが、むしろ、本社の方の関心が高いように思いますが。

内部通報制度の運用には、細心の注意を！
～正しい経営の維持に有益、しかし、運用の失敗はGRM活動の信頼喪失に繋がる！～

伊藤　先日、内部通報の窓口設置の件で、TF本社経営企画部の石神部長と本社法務部の藤田部長から声が掛かりました。TFグループ全体の利益に叶うには、どこに設置するのがベターか。その意見交換をするためでした。TF本社は、私たちTFDのGRM構想の進捗状態を見てそれも参考の一つにしながらTFグループ全社をカバーするTFグループのGRM構想を企画していました。これは、佐藤社長もご存じの通りです。内部通報制度の件も、構想の一部として検討しているとのことでした。私は、両部長に、先程の会計不正についての他社事例について話をしたのですが、両部長とも、既にご存じでした。

　GRMの一部であるコンプライアンス。コンプライアンス違反の発見を効果あらしめるために、内部通報は欠かせないとの認識は3名で共有できております。しかし、内部通報制度設置の先発企業である他社の中には、この制度に基づいてリスク情報を提供した内部通報者が、勤務する企業の中で何らかの不利益被った事例も数件あります。その一部は裁判沙汰になったとのことです。

　そういう意味では、内部通報制度は、諸々の事業リスクの早期発見には役立つものの、その処理の過程でトラブルもあり、運用改善の余地が大きいとのことです。

　コンプライアンスやリスクマネジメント活動において、正直者が馬鹿を見るといったケースが、たった1回でも生じますと、GRM体制

全体の信頼が失われ、下手をするとGRM活動が委縮し、最悪の場合、頓挫してしまうとの懸念があります。日本の企業文化が急速にアメリカ化しているというのは本当だと思いますが、内部通報や内部告発といった分野は、特に、その制度の運用を慎重に考えなければならない。そう感じます。本社のお二人も同じ考えです。

但し、本社としては、リスクの早期発見には内部通報制度自体は有益であるため、この点本社のGRM構築とは切り離して先行させたい。したがって、内部通報問題に関する本社の考え方を、早いタイミングで全社に通達するとのことです。私の方からは、先程の図表3-②を参考までに両部長に手渡しておきました。

佐藤　3つの約束の観点から見た内部通報制度の効用には、どんなものがあるのでしょう。例を出して教えてくれますか。

内部通報の効用（その1）
～談合などの独占禁止法違反行為の発見～

伊藤　米国では、反トラスト法と呼ばれている米国の独占禁止法に基づく価格カルテル行為発見の大半は、内部通報や内部告発のお陰であると言われているようです。要するに、以前から当局による発見が難しかった違法行為や違法の疑いがある行為も、内部通報システムや内部告発制度のお陰で、容易に発見できるようになったと弁護士達は言っています。加えて、日米欧におけるリニエンシー制度（我が国では、課徴金減免制度に該当）の採用も、カルテル行為の発見を容易にしたとのことです。

内部通報の効用（その2）
～海外での贈収賄行為の発見に～

伊藤　独占禁止法違反行為以外では、内部通報は外国公務員や取引先等に対

する贈収賄の発見にも効果があると思います。英国の「2010年贈収賄
法（Bribery Act 2010）」の制定が企業に大きな懸念なり心配を与え
たといわれています。賄賂に関して定める刑罰法規を内容とするもの
ですが、罰金をはじめ刑罰の内容が厳しく、また、賄賂適用の範囲が
広いとされているからです。また、運用に明確でないところがあると
され、企業側の不安が高まっているということです。贈収賄は、企業
としても好きでやるところはないにしても、商売なり取引を獲得しよ
うと同業他社との競い合いの過程で行われるという性格のものです。
国や地域の慣習・慣行が、贈収賄を促している状況もあり、事業責任
者や担当者としては、本当に悩ましいことだと思います。商売とある
べき企業行動とのせめぎあいということです。

　今お話しした英国法が制定される以前から、米連邦海外腐敗行為防
止法が存在し威力を発揮しており、今もそうです。

重要な事業関連法令の域外適用が増えている！

伊藤　英米両国で施行されている贈収賄禁止法令は、所謂、域外適用がなさ
れるため、その企業にとっても注意が必要です。例えば、日本企業が
英国や米国以外の国（日本を含む）で行った違法な契約や行為も、そ
れが双方の国の経済に悪影響を及ぼすと判断された場合には、これら
の法律によって裁かれることになるのです。域外適用は、我が国の独
占禁止法を運用している公正取引委員会も、2010年、海外取引に関し
て適用し、2017年、最高裁判所もその適用を是認する判決を示しまし
た。このように、一部の経済法に限られてはいるものの、域外適用は
増える傾向にあるということです。ですから、TFDのみならず、TF
グループの社員向けに、「域外適用に注意せよ！」という趣旨のGRM
通達を出すべきタイミングだと思います。通達の記載内容の英和文双
方を、海外法務室で準備している最中です。TF本社から全社に向け
て同趣旨の通達が発信されるようですから、TFDとしては、本社通

達の重要性についての注意を喚起するとともに、本社通達発信直後に
CREO通達を配信するということでいかがでしょうか。

政府許認可を取得している国・地域においては、特に、贈収賄禁止の徹底を！

伊藤　各国の主務当局に対する許認可申請を行っている国や地域における対
　　政府関係者への賄賂問題や外国に進出している日本企業の子会社の責
　　任者や担当者だけによる違法性が疑われる団体活動のこと等、海外に
　　進出しているTFDグループ各社は、日本での事業活動に倍する注意
　　を払いながら、日々の業務を遂行しなければなりません。かつて問題
　　とならなかったからといって安心することはできません。

　　また、仮に日本では問題にならない合法的な行為であっても、その
　　国では違法といったものが散在するようです。業賄賂はその典型的な
　　例の一つです。企業は生き物でありますが、経営環境も生き物、法令
　　も生き物であって、頻繁に変化しています。

　　私達TFD本部も変化対応に注力しておりますが、現地側のリス
　　ク・マインドやリーガル・センスといったものこそが重要な時代に
　　なっています。この意味でも、GRMは衆知を集めた全員経営でなく
　　てはならないと、改めて思います。

　　いずれにしましても、独占禁止法、贈収賄関連法、そして、外国為
　　替及び外国貿易法（外為法）についてのグローバル・コンプライアン
　　ス教育を徹底すること、それらに焦点を当ててのモニタリングに注力
　　して参ります。

佐藤　通常業務の過程でコンプライアンスが適切に行われているか、不正な
　　行動はないかといったリスクの発見は、原則的には、その業務の感服
　　の中で発見していくべきなのでしょうが、それが難しくなってきてい
　　る。だから、内部通報制度を導入する。それはそれでよい手立てだと
　　思います。さらに加えて、モニタリングや監査といったのもが、これ

まで以上に重要となってきますね。GRMに基づくモニタリングのあり方にも、注力が必要だと思います。

⑵　3つの基本的要素の中の共通の目的について報告

日常のGRM活動の過程で、共通の目的の大切さを理解し、自ら強化する！

伊藤　GRM活動におけるTFDグループ全社に適応される、①共通の目的は、「GRM規程」（図表2-⑪）と4月1日付で発信された佐藤社長通達（図表2-⑦）に記載されている通りです。ただ、共通の目的というのは、全社共通の目的だけではなく、全社共通の目的に反しない限り、日常のGRM活動における身近な目標を、それぞれの事業部なり事業部内の職場が掲げてもらって構わないと考えております。

　すでに、そうした下位の目標なり、スローガンを職場の掲示板に掲げている海外事業場があります。例えば、米国ミネアポリス州の工業団地にあるスマホ用センサー製造子会社（「ミネソタ海外事業場」）の第3四半期のGRMスローガンは、「コンプライアンス＆インテグリティ（遵守と誠実さ）」だそうです。何がコンプライアンス対象なのかはブランクのままなのですが、非常に幅広く、決められたルールを守ろう！といった職場全員の意向なりマインドなりを、職場内に広げようとしているそうです。

　何を守るかは、各職場で、月単位で自由に取り決めているそうです。他職場でのコンプライアンス対象でも、自分たちの職場で取り上げようということになれば、直ちに採用となるのだそうです。また、その場合、隣の職場のリスク担当者に声を掛けて、活動の状況などを紹介してもらうのだそうです。もちろん、どのような職場スローガンも3つの約束の範疇に入っていることが条件ですが、それを逸脱するスローガンはないと考えているようです。

佐藤 原始的なやり方ですが、効果は出ますね。

契約リスクマネジメントの一環としての受発注リスクマネジメント

伊藤 特に、嬉しく思いましたのは、職場のリスクマネジャーの理解が早かったのだと思いますが、カスタマからの受発注メールの内容が、いつ誰が誰と結んだ売買契約に基づくものなのかを理解したうえで、受発注処理を行っているという点です。これは、私達が、非常に重視している受発注リスクマネジメントの核心部分でもあるのです。

　自分が担当している業務の前後を承知するという癖が付くことにより、リスク発生の原因が掴みやすくなり、また、リスク原因のさらなる追及も容易になります。換言しますと、リスクの発生原因とそれに対する解決策は早期にできることになります。当たり前と言えば当たり前のことなのですが、昨今、我が社でも、自らの業務範囲を、極めて保守的にする傾向があるため、業務と業務の間にすき間は発生しやすくなっています。そのすき間リスクは、上記の社長通達（図表2-⑦）においても指摘されております。第1回目の海外GRM会議のときには、まだこうしたやり方ができておらず、その後の事業場内の小集団活動の中で生まれてきたと聞いています（図表3-③）。

　ここで申しあげたいのは、3つの約束を基礎とするGRMを健全に行い続けるには、GRMを動かしている器としての組織（すなわち、TFD本部GRM体制と各事業場のGRM体制）を維持・向上を促す3つの基本的要素が強固であり、3つが有機的に結合していることが必要だという点です。海外事業場の場合、GRMに参加している現地社員の方々が、組織のミッション（目的）を自覚しており、その目的の達成のための協働喜んで行う意志を示している。言わずもがなのコミュニケーションは、過不足なく行われている。どなたもそうした言い方をしてはいませんが、全員、楽しんでGRM活動をこなしている。恐

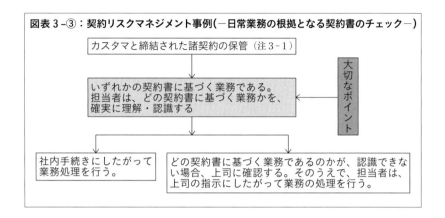

図表 3 -③：契約リスクマネジメント事例（－日常業務の根拠となる契約書のチェック－）

カスタマと締結された諸契約の保管（注3-1）

いずれかの契約書に基づく業務である。
担当者は、どの契約書に基づく業務かを、
確実に理解・認識する

大切なポイント

社内手続きにしたがって
業務処理を行う。

どの契約書に基づく業務であるのかが、認識できな
い場合、上司に確認する。そのうえで、担当者は、
上司の指示にしたがって業務の処理を行う。

らく、そういう姿になっているのではないかと想像しております。

佐藤　楽しむ姿勢というのもいいですね。

伊藤　CROMの私としましては、彼らのモチベーションがこのまま維持さ
れるよう、適切な刺激が途絶えないよう工夫していきたいと考えてい
ます。事業年度下期には、企業のコンプライアンス対象となる巨大リ
スクの3分野と考えております、独占禁止法、贈収賄、安全保障貿易
管理に関するセミナーを、本部で開催する計画でおります。

注3-1：契約書は、必ずしも、所属する事業場が結んだ契約とはいえない。親元事業場が契約の
当事者となって締結したものかも知れない。こうした場合、海外事業場は、当該契約対
象製品の全て、あるいは一部製品の委託生産を担当し、その製品の販売先を契約により
特定されているのかも知れない。このような場合であっても、海外事業場の担当部署
は、自分達の生産がどの契約に基づくものなのかを確認し、自分たちが果たすべき業務
を果たすことが大切である。「自分達の業務は、以前からそうなっている」という認識
での業務推進にはリスクがあると理解することが望まれる。その一方で、契約の当事者
となった親元事業場は、具体的な製造と販売、サービスといった業務を行う各事業場に
対して、契約の内容について情報の共有を漏れなく行う責務がある。担当者ベース間だ
けのコミュニケーションでは不十分であると思われる。すなわち、この問題は、TFDグ
ループ全体に関わるGRMの問題なのである。したがって、TFD本部と事業部（傘下の
海外事業場を含む）が、一体となって、関係する契約リスクの包括的な解決を図らなけ
ればならない。グローバル経営の時代に結ばれる契約は、契約の履行が、地球規模に拡
散していることが多いとされている。つまり、契約を締結した当事者が、率先垂範し
て、関係事業場が何を担当すべきなのかについて、契約の規定に基づいて、周知徹底す
ることが必要となろう。

　同時に、取締役会、並びに役員会での役員セミナーも計画しております。セミナー用テキストの作成も検討中ではありますが、完成を待たずに、先ずは、分かりやすい資料を作成配布という形で、セミナーは進めたいと思います。

　検討段階ですが、それ以外にも、契約リスク等、セミナー・テーマには事欠かない状況が続くと読んでいます。特に、海外事業場と関係先（サプライチェーンや委託業務先等）の契約関係等、全く手つかずのリスクが相当数あると予想しております。リスク・メニューには不足していないはずです。

各地に広がるコンプライアンス意識

伊藤　いずれにしましても、先程の海外事業場の現状からしますと、事業場によってはGRMが軌道に乗り、アメーバのように周辺に広がりつつあるとのことです。社長が仰っていた衆知を集めた全員参加型の活動を目指すという狙いからしますと、登山口は沢山あり、どの登山口から登るかは各自の自主性に任せるけれども、ある日周辺を眺めれば、多くの人が同じ山頂に向かっているという姿となる。そういった状況にあるといえるかと思います。

　このケースのように、自分達の職場という身近なところからスタートするコンプライアンス活動は、リスクという「不確実な何か」を、参加者の誰にでも見える化するという意味で、大変効果的だと思います。

　加えて、何といっても米国は、法律と契約といったルールが支配する土壌が根付いている国であり、また、自分達で創り上げたルールを尊重する風土があります。ルール破りをすれば、It's not fair!という非難の的になるという国です。法による支配（rule of law）や自由、つまり自由と規律のバランスからは、常時、驚くような発明や発見、創造的破壊といったイノベーションが誕生します。それこそがアメリ

カの活力の源泉となっています。

　職場という身近な世界で、自分達が民主的に考え、創造していく限り、社内の不正や不正に近い行為が、無理なく淘汰されて行くケースが多いのではないでしょうか（他方、驚くような巨悪のニュースも耳にします）。

佐藤　どうすればそのような好循環が生まれるのでしょうか。

伊藤　コンプライアンス活動が広がっていくには、一定の前提があるのも事実です。組織上層部のインテグリティ（誠実さ）です。上層部自体が、誠実な企業行動を社員達に対し、明らかに見える形で示さない限り、やはり、社員のコンプライアンス・マインドは脆弱化します。組織の現場で働く人は、常に、トップを見て、感じて、評価していますから、上層部が、ある意味裏切れば、現場は素早く対抗措置をとります。つまり、コンプライアンス活動の弱体化という対応です。

　TFグループの歴史を見ましても、創業者は、リーダーのあり方について、社内外の講演や著書の中で（注3-2）、頻繁に考えを説いておられますが、同じだと思います。リーダーシップは、組織を組織あらしめる上で、最も重要な役割を果たします。創業者は、創業以来、その事実を、自ら実践されていたような気がしています。ミネソタ州の海外事業場が、身近なところからGRMの一環としてのコンプライアンスをスタートさせ成功しているのも、その成功のバックボーンと

注3-2：例えば、『実践経営哲学』（松下幸之助著、PHP文庫、PHP研究所刊）の中で、リーダー（指導者）は、人間とはいかなるものか、どういう特質をもっているのかという把握、すなわち、正しい人間観を持つことが重要であると説いている。さらに、人間が行う経営や経営の理念というものにも、正しい人間観に立脚されたものであることが必要としている。『指導者の条件』（同著、PHP研究所刊）のまえがきの個所に、「われわれの体験なり、見聞に照らしてみてもそういうことがいえると思うのです。一つの国でも、すぐれた指導者がいれば栄え、指導者に人を得なければ混乱し、衰えていきますし、会社でも、社長しだいでよくも悪くもなります。会社の中の一つの部や課にしても、その部長なり課長のよしあしで、業績が全く変わって来る訳です。結局一つの団体、組織の運営がうまくいくかいかないかは、ある意味ではその指導者一人にかかっているともいえましょう。その責任はすべて指導者一人にあるといってもいいと思うのです。」との記述がある。

して、事業場の責任者である現地採用のアメリカ人トップと2名の事業場リスクマネジャー（1名は、アメリカ人、もう1名は日本人出向者）によるリーダーシップがうまく融合されているに違いありません。

　この点は、日本の親元事業部のリスクマネジャーも、「全くその通りです」との見解です。ミネソタ海外事業場の例を一つの参考として、私達日本人が、彼ら以上にルールによる支配といったものを確実に実践しないといけないと、改めて感じています。人事部長の松田さんも、この海外事業場の実態は十分承知しており、「確かに、よくやっている」との感想でした。

　この事業場のコンプライアンス活動は、先月号のTFD社内報（メール版）でも紹介されていました。社長も副社長も、目を通されたのではないでしょうか。この記事を参考にしている他の海外事業場もあるようですし、アトランタにあるもう一つの海外事業場は、記事に触発されて、電話会議等を通じて情報交換をやっているとのことです。

山下　経営者は身を引き締めて、向き合っていかなければなりませんね。

⑶　3つの基本的要素の中の協働の意志について報告

協働とは、経営力の拡大！

伊藤　最後に、3つの基本的要素の内、②協働の意志について申し上げます。

伊藤　協働する目的は、協働をすることによって目的の達成を容易にすることです。一人、あるいは一つの要素だけでは解決できない課題やリスクを、他と協働したり、他の要素と掛け合わせることによって、達成可能となります。つまり、各事業部と海外事業場が、自分たちの事業に関連するリスクを洗い出す。洗い出されたリスクをマネジメントし

て、可能な選択肢を産み出し、その中からベストな選択肢を選び出す。

　選択肢の中には、無視とか放置というものも含まれる訳ですが、いずれにしても、ベストな解決策を選択するところまでマネジメントしなければなりません。

　現在、GRM活動における協働の姿として注力しているのは、本部による事業部経営のサポートにおいてです。TFD全体の経営効率を向上させるためには、事業部による自主責任経営のスピードアップが必須です。事業部が単独で推進するよりも、より少ない経営資源を用い、より早い成果を達成しなければ、国際競争に負けてしまいます。事業部の経営効率を向上させるという意味は、結果的に、TFDグループ全体の経営効率を向上させることでもあります。

　本部プラス事業部の協働は、経営効率の改善とともに、本部の専門性を生かすことによって、事業リスクの適切なマネジメントをうながし、事業部単独では想定できない事業リスクをベストに処理するという将来損失の排除にも貢献するというはずという見立てです。

佐藤　その効果は、出ていると思いますよ。協働に関しては、So far, so goodでしょう。

　でも、僕の見立てでは、GRMがうまく展開できれば、協働のあり方自体にも変化が生じてくるはずなのです。変化というのは、事業部がこれまでに採用してきた単独主義的なリスク解決方法のみならず、TFD本部傘下の職能スタッフ部門にも浸透していた単独主義的な考え方であり、行動パターンに対する変化です。事業サイドと職能サイドそれぞれの分野で業務推進のあり方についての変化が、かなり早いタイミングで生じていく。そうした変化を伴いながら本部と事業部の協働がどんどん広がっていき、活発化していく。そう予想しているのです。

　４月以降、事業部間での格差はありますが、変わらなければならないという意識と意欲は、各事業部に、つまりは各事業部長に強く感じ

ます。むしろ、さらに変化のアクセルを踏んでもらいたいのは本部であり、本部傘下の各職能部門であり、各職能部門長です。職能部門が、グローバル競争の時代にどのような知見と知恵を確保し、事業部に対するサポートを提供していくのか、できるのか、この点が気がかりなのです。職能の力を向上させない限り、事業部をサポートすると宣言しても、果たしてその中身はどうかといえば、今のレベルでは十分ではないと感じています。事業部門との協働も、この点の改革・改善・改良が行われない限り、早晩、事業部は本部の職能部門を頼らなくなるように思うのです。

　法務職能の場合は、日米通商摩擦の時代から、社外の優れた法律事務所と協働を始めたのでしょう。これは、偶然の産物であったに違いなのですが、結果オーライですね。何故なら、TFD本部の法務は、対外的にも十分役に立っていますからね。では、経理とか人事職能はどうでしょうか。人事も経理も、外の世界はどんどん動き、進化しているのではないですか。そんな気がします。

　僕は、事業部は当然に外の世界との競争があり、何が何でもそれに勝利しなければなりません。勝つのはmustです。勝つためには、何事でも事業部による単独主義的なアプローチで解決を図るのを停止して、多くリスク案件のマネジメントを事業部プラス本部の協働を通じて行う。それによって経営効率を高めるという図式になるということです。考え方自体は正しく、僕も大賛成なのです。しかも、極めて短い期間ではあるのですが、協働の成果は確実に出ています。

　ただ、断言は避けなければなりませんが、本部の職能部門の能力開発は、グローバルな比較検討基準から判断してどうなのかです。この点を、重視していかねばならず、各職能部門責任者には変化のアクセルを強く踏んでもらわなければならない。そう感じています。ここ２、３年の間に、IT技術、ロボット技術、AI（人工知能）等、著しい展開が現実のものとなっています。スタッフの業務のあり方は、非常にスピーディに、かつ大きく変わるに違いありません。これらの最

新技術を活用するのは決して事業部門だけではないのです。一般的にではありますが、世界的に見て、我が国の生産性は低いですね。モノづくり現場の生産性も下降気味ではありますが、スタッフやサービス部門でのそれは、見るに忍びないレベルにとどまっており、しかもなお向上の気配はないといわれているのです。

　とにかく、協働の内容充実は、事業部はもちろんですが、本部の能力向上を何とかしないといけない。協働推進の基層にあるのは、もちろん、個人一人ひとりの能力開発であり自覚です。そうしたこの力の向上が大前提ではありますが、グローバル競争時代の今日、勝敗を決定づけるのは、やはり、組織が持つ総力です。いくら個人の力が優れているとしても、持久戦には勝てませんからね。個々人の自主的な能力開発がベースとなり、それが組織の総和となり、さらに、そうした力ある組織が複数集まって協働のシステムとなる。そうした協働が日常の業務や事業経営に組み込まれること、それが現在進行形のTFD型のGRMだと、僕は期待しているのです。頼られる本部をさらに発展させていくためにも、この点の知恵を絞っていただきたいと思います。山下副社長もよろしくお願いします。

山下　そうなのでしょね。スタッフのあり方というのも、早晩、真剣に考えていかねばなりません。スタッフといえば、どうしても専門性ということにのみ焦点が当たりますし、内部の目もそれに向かいます。ですが、社長がご指摘にように、専門性をベースとしてではありましょうが、経営を先導していくという役割を考えてもよいのではないでしょうか。

2　3つの約束についての報告

伊藤　3つの約束は、TFDのGRM体制の維持と展開のためには不可欠なものです。

　約束の一つである社会規範と言いましても、学校での講義ではあり

ませんから、事業に関わる関連法令を抜き出してみましても、知識は増えますが、各自が日常的に担当している業務に有効に働くかといえば、ほとんど効果はないと思います。もちろん、メーカーだけではなく、事業はすべて、何かをしようとすると、その業務には何らかの法的制約があります。

　また、企業が、業務を行えるのは、法律がそれを認めているからでもあります。法律は、制約でもあり、受容でもあるということです。制約要因としての法律がなければ、仕事をもっと楽しくできるのにと思う場合があるかもしれません。

　その延長線上に、違法な約束をしたり、さらには、違法な行為に至るという落とし穴にはまってしまうことになるかもしれません。

　"良薬口に苦し"という諺があります。この諺の良薬というのは法律であり、より一般的に表現すれば、広範に社会を規律しているルールであり規範を意味していると考えます。それらは口に苦い。苦いからといって口にしないと、後で病いとなったり、困難に遭遇する。飲んでおけば（つまり、遵守しておけば）辛い状況に陥ることはない。法律とはそうした存在だということです。言い方を変えますと、法律は守っておくことを条件に、法律は企業を守ってくれる。ですから、コンプライアンスが大事だということでしょう。

山下　法の遵守と企業活動は、共存共栄の関係にある。そういうことですか。

伊藤　業務の推進に関わる法律の理解は大切ですが、社員全員が法律の条文を理解し納得しておく必要はないと思います。もちろん、特別な場合、普段よりも深く理解してもらい、言動双方に、細心の注意を払ってもらわなければならないという場合があります。

　TFDが重大な法律違反に問われたときとか、何らかの理由によって、TFDが社会から誤解を受けたり、注目を浴びている場合、マスコミからの問い合わせは、不意のインタビューを受ける場合等が、それに該当します。しかし、そうした危機（クライシス）の状況に陥れ

ば、前もって、必要な通達等で特段の注意喚起をすることになると思います。これらはクライシスマネジメントに相当します。悪影響が予想される場合のみならずTFDが大きな取引を行うような場合も同様です。そうした緊急性を帯びた状況の場合を除けば、幹部や一般社員の方にお願いしたいのは、普段から、会社のこと、世間のことに関心を持ち、社会人として常識的なレベルで構わないのですが、「リーガル・センス」、「リーガル・マインド」といった一種の「勘（かん）」といったものを醸成していただきたいということです。善悪の常識的な判断基準といってよいかと思います。

　本部のGRM体制チームは、常識程度のセンスや勘の醸成を促す目的で、日常の契約業務（例：製造、販売、サービルは云うに及ばず、最近、急速に増えつつある産学共同による共同開発研究や研究委託等）に関連しているテーマを選び出し、テーマに沿った関連法令や政府、企業団体発表の遵守ガイドラインを、社内の教育セミナーを通じて、分かりやすく解説しようと計画しています。簡単で分かりやすいというのがキー・ポイントです。

　セミナー用として、現在、本部法務の国内と海外の両法務室が、テキストの構想を練ってくれています。テキストのタイトルは以下が提案されているようです。

【仮題】：　TFD事業における「3つの約束」法律の常識の巻

　これは、シリーズものにする計画のようで、何年か費やしてシリーズの完成を目指しています。

　編者は、本部の法務が中心となりますが、テーマ毎に、本部のマーケティング部とか、品質管理部とか、人事部とかの執筆が予定されています。記載内容には関係する法律が出てきますが、挿絵等を加えて、面白くするようです。全編ではありませんが、シリーズの一部は、英文のものも予定されています。

３つの約束が具体的に分類・整理できた

伊藤　３つの約束は、GRMの根幹をなしております。図表１-③をご覧願います。図表１-③は、これまでにも数回、佐藤社長、山下副社長にお渡ししたものとほぼ同じものです。

　　　事業リスクを分類する場合、３種類の約束を設定したのは正解でした。事業に影響を与えるリスクは数多くあるわけですが、それを３つのカテゴリーに整理して、一つひとつを抽出すれば、結果的にリスクの曼陀羅図ができあがります。曼陀羅図は、TFDが事業活動を行うくにや地域毎に作成されることになりますが、３つの約束という大分類には変化がありません。

　　　しかし、約束の各カテゴリーに属する関連のリスク項目は、それぞれの国と地域毎に増減します。増減のチェック作業は必ず実行されねばなりません。抜けが生じると実際のリスクの洗い出しにも漏れが生じることになります。

　　　今回のGRMの導入によってこれまでに既に抽出されているリスク項目が、３つの約束毎に分類されて、曼陀羅図が一旦完成されますと、爾後の作業は容易だと思います。新法の制定の際、現行法の改正や廃棄の際等、タイミングをずらすことなく確実に行えばよいだけです。この作業には、社内の担当者にやっていただくのがよいかと思いますが、社外の顧問弁護士の協力を仰いでおけばより安心です。新法の制定、現行法の改正等、その中身についても、弁護士の協力を得て行えば間違いないところかと思います。

３つの約束は、適法性（コンプライアンス）と正しさ（リスクマネジメント）の双方を満たす内容

伊藤　３つの約束（図表１-③）は、2005年に成立した日本の会社法に定められている、通称内部統制の２つの分野、すなわち、適法経営（すな

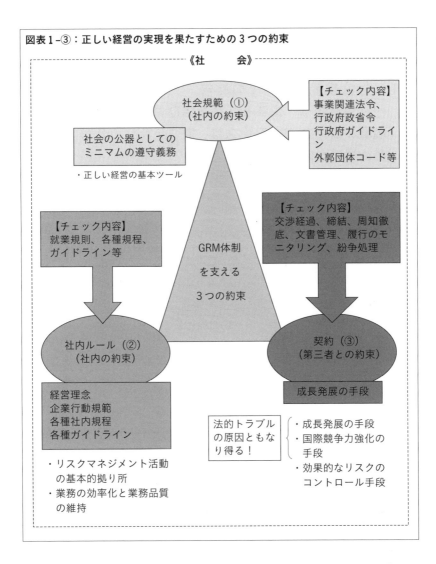

図表1-③：正しい経営の実現を果たすための3つの約束

《社　会》

社会規範（①）
（社内の約束）

【チェック内容】
事業関連法令、
行政府政省令
行政府ガイドライン
外郭団体コード等

社会の公器としての
ミニマムの遵守義務

・正しい経営の基本ツール

【チェック内容】
就業規則、各種規程、
ガイドライン等

【チェック内容】
交渉経過、締結、周知徹
底、文書管理、履行のモ
ニタリング、紛争処理

GRM体制
を支える
3つの約束

社内ルール（②）
（社内の約束）

契約（③）
（第三者との約束）

経営理念
企業行動規範
各種社内規程
各種ガイドライン

成長発展の手段

・リスクマネジメント活動
　の基本的拠り所
・業務の効率化と業務品質
　の維持

法的トラブル
の原因ともな
り得る！

・成長発展の手段
・国際競争力強化の
　手段
・効果的なリスクの
　コントロール手段

わち、コンプライアンス）と正しい経営（すなわち、リスクマネジメント）の要請にも概ね沿っていると思います。次に、下記の3つの約束の一つひとつについて、現状を要約しご報告致します。

①　社会規範

②　社内規範

③　第三者との契約

(1)　社会規範についての報告
〜社会規範は、企業と社会を結び付けるブリッジ、社会規範のコンプライアンスは、TFDが社会の公器であるための前提条件！〜

ソフトローとハードロー

伊藤　国が定めた法律が社会規範の中の中心的な規範です。法律には強制力が伴いますが、昨今、ソフトロー（soft law）と呼ばれる、法的な拘束力はないものの、それらに違反すると、経済的、道義的な不利益を被り得るかもしれない指針的な規範が公表されるようになりました。法的拘束力はないけれども社内規範として採用し、その要請に応じるという企業もあります。

　ソフトローに対し、法的な強制力を持つ、所謂法律はハードロー（hard law）と呼ばれるようになっています。

　ソフトローとして著名なものは、例えば、JIS規格、JAS規格、その他各種の基準や標準と呼ばれているものです。近年有名になったものの一つは、東京証券取引所が、2015年に公表、2017年に改訂したコーポレートガバナンス・コードがあります。

　このコードは、あくまでガイドラインであり、上場企業による採用を促すものです。会社法や金融商品取引法のような法的強制力はありません。したがって、適用対象の上場企業がコーポレートガバナンス・コードを守らなくても、違約金や上場廃止といった制裁が課されることはありません。

　コーポレートガバナンス・コードの特徴は、「遵守するか、遵守しないなら遵守しない理由を説明せよ（コンプライ・オア・エクスプレイン）」という原則主義を採用しています。すなわち、遵守するかし

ないかを企業の自主性に委ねるということです。

　　コーポレートガバナンス・コードは上場企業を対象するものであるため、非上場企業である TFD には関係がないといえます。TF 株式会社は東京証券取引所の一部上場企業ですから、このコードが適用されます。

山下　先日私の名前で出した通達などそれに当たりますね。

伊藤　そうです。GRM の観点からしますと、社会規範に含まれている事業関連法と規則は全てコンプライアンスの対象です（図表 3 -④）。したがって、国内外の全事業場のリスクマネジャーに対して、所在国と地域における法と規則、さらに、国と地方の政府機関から取得した事業許認可の条件を確実に遵守できているかどうか、適宜モニターしてもらうよう、CREO の山下副社長から通達を出していただきました。モニターは、それぞれの事業場が最善と考える方法で実施してもらっています。

本部によるモニタリングも計画中

伊藤　GRM 規程（図表 2 -⑪）に基づく本部によるモニタリングも、時期をみて実施の予定です。しかし、事業部の自主性を尊重するという基本のもと、本部のやり方を押しつけるようなやり方は避けたいと考えています。事業場自らが自分たちの GRM 活動を守るという形こそが大事だと思っていますし、モニタリングも、基本的にはその延長線上にあるものです。当面の間、事業部独自の自主的なモニタリングを促す予定でおります。

　　但し、事業場の了解を得て、本部の方からも、モニタリングの場に参加させてもらい、その方法を参考にしたいとは思っております。私達本部も、GRM のついてのモニタリングは未開の分野であり、私達のための学習が必要です。こうした本部の考え方は、4 月の第 1 回国内 GRM 会議の場で紹介済みです。

図表 3 –④：製造事業関連法令の事例（注 3 – 3）

本部モニタリングの意義は、監視ではなく、正しい経営のための礎

伊藤　私のモニタリングに関する考えは、モニタリングの目的を事業部のよ

注 3 – 3 ：図表 3 –④は、第 1 章に掲載の図表 1 –④を加筆したものであり、日本での事業活動に係る法令の一部をリストアップしたものである。具体的に事業を行う場合には、精査が必要となる。海外での事業活動を行う場合には、海外における関連法令・規則等のチェックが不可欠となる。法令や規則以外にも、政府からの事業許認可の取得が必要な国や地域がある。全て、GRMのチェック対象である。

るGRM活動の監視という点に置くのではなく、TFDが社会の公器として相応しい、正しい経営を行えているかどうか。すなわち、3つの約束の角度から眺めて、誤りがなく、社会から受け入れられている事業を行い、その社会的責任を果たしているかどうかを、自らチェックし反省の材料にする。反省し、明日に活かすというサイクルを反復するためのツールであるとするものです。

　もちろん、通達で要請したこと、本部が事業場に要請したことや指摘した事項については、その通り実施してもらわねばなりませんから、それらは、モニタリング本来の第一義的なミッションとなります。その点は誤りなく行います。

　それに加えて、組織の効率性・生産性・収益性の観点からの改善ポイントを全員で話し合う場が、モニタリングのもう一つの役割だと考えています。

　このような役割を本部モニタリングの過程で果たそうとしますと、モニタリングチームの構成が重要となります。経理、人事、法務その他、目的に応じたメンバーを選抜し、各事業部に出向くことを予定しております。本部GRM体制によるモニタリングの進め方については、事業年度下期のGRM課題と認識しておりますので、モニタリング・チームの構成やモニタリング対象、進め方等について基本的な枠組み案ができた時点で、山下副社長にご相談に参ります。

佐藤　モニタリングについての伊藤部長の着眼点に賛成です。山下副社長も、きっとそうだと思います。GRMモニタリングは、例えば、経理職能による監査とは、少し意味合いが異なるかも知れません。もちろん、法令等のモニタリングとなれば、これは相当真剣にチェックしてもらわなければなりません。

　ですが、事業リスクというのは広範であり、そのすべてが法令コンプライアンスのようにとらえるのは不適切ではないでしょうか。GRM規程にも定められていますが、リスクというのは、不確実性ということであって、それ自体で良いとか悪いとかいうものではないは

ずです。つまり、リスクマネジメントというのは、不確実なものを確実なものにしていくというプロセスですから、コンプライアンスもあれば、回避といったものまで含まれている。僕は、そう理解しています。

　ということは、リスクマネジメント参加者を心理的に委縮させてしまっては駄目で、反対に、参加が生き生きとし積極的なものでなければならないはずのものでしょう。一言でいえば、GRM活動というのは、「社員一人ひとりの、社員による、社員のための活動」となれなければいけない訳です。それには、本部が行わねばならないモニタリングはありますし、本部によるモニタリングは厳しさを伴うものであって構わないのです。

　しかし、モニタリングの原則は、事業部による自主でなければならない。GRMすべての原則でもありますね。事業部への注意喚起やまずさの指摘にばかり焦点をあてるのではなく、TFDを支えている最重要組織を、さらに活性化するという旗のもと、彼らの自主性を、いっそう盛り立てる本部モニタリングを、しっかりと工夫してもらいたいと思います。伊藤部長、山下副社長、よろしくお願いします。

コンプライアンスには、メリハリが必要

伊藤　事業に関わる法令は、いずれもコンプライアンスの対象だと申しあげました。

　ただ、実務面から判断しますと、企業活動が行われている時代背景や状況等をよく観察して、コンプライアンスにメリハリをつける必要があるだろうと考えております。コンプライアンス対象である、社会規範や社内規範が、いつの時代でも等しく重要かといえば、答えは、イエスでありノーだと思っています。

　法の適用にも、時代やときの政権、あるいは社会情勢等によって、軽重といったものが生じます。規範の中の関心度合いが変化するとい

うことです。この意味は、焦点が当たっていない規範はコンプライアンスの対象ではないということではありませんので、誤解されませんように願います。ですが、現実的には、やはり、この時期は特に細心の注意を払うべき規範とそれ以外のものといった差は生じると申せましょう。事業経営に与える影響度合いからしますと、規範毎に大きな差があります。違法行為の際に被る罰則の差といえます。

　現代社会は、国や地域によって考え方の違いがあるにはあるのですが、一言で表現しますと、市場における自由で公正な競争を維持し、さらに拡大していくという方向に進んでおり、政府や企業は、そうした競争を益々促進し強化していくために動いているということが言えるかと思います。例えば、多くの国の政府は、基本的に、公正で自由な競争の守護神として存在している。彼等は、市場社会の担い手である企業＝競争者を守ろうとするのではなく、競争状態を維持し、守ろうとしています。そうした政府の試みに正当な根拠を与えているのが、各国の独占禁止諸法であり競争法令です。私達が、要注意4法令（図表3-④）というニックネームを与えている4法令の内、その中心にあるのも、独占禁止法です。主要先進国の贈収賄禁止法令は増収賄を禁じていますが、その理由は、不当不正な金銭のやりとりが、自由で公正な競争を阻害するからなのです。

佐藤　資本主義だとか、市場経済主義だとか言われてもれだけでは他の法律との関係が見えてこないため、法の世界の理解が進まないことが頻繁に生じます。21世紀は、グローバル経営の時代ですが、中身は、自由競争激化の時代なのです。そうした自由競争は、独占禁止法を通じてさらに促されるような仕組みになっています。独占禁止法は、TFDの経営を守ってくれている。そう考えることができますね。

山下　その対価として、TFDは、その独占禁止法を遵守する義務がある。守られている代わりに、守らねばならない。これは、ある意味共存共栄の姿です。

佐藤　その通りではないでしょうか。社会の中で誕生したTFDですが、法

があればこそ誕生できた。法が誕生させてくれた。だから、TFDが
生存している限り、社会の規範を守らねばならない。実に、単純な理
ですね。コンプライアンスとはそれなんですね。

(2)　社内規範についての報告

社内規範の中の経営理念の位置づけ

伊藤　次は、社内規範です。社内規範の大半を占めているのは、各職能が担
当している業務のあり方について記載・説明している社内規程（図表
3-⑤）と呼ばれるものです。「社内規程」は、関連する法令と規則に
準拠して定める必要があります。GRMの観点からしますと、社内規
範は、概ね、コンプライアンスの対象として取り扱っております。社
内規範には、TFグループの全ての経営者と社員が守るべき経営理念
や、それを現代風に分かりやすく解説した企業行動基準が含まれてい
ます。

　経営理念と行動基準に違反したとしても、法的な制裁を、直ちに被
ることにはなりません。ですが、就業規則等で処分されます。また、
経営理念は、TFグループの経営基本方針でもあり、経営のあり方や
社員のあり方を考える場合、当否の判断基準とされています。その意
味では大きな役割を果たすものです。経営理念は、日本的な商道徳を
反映した職業倫理的なものと考える向きがあるようです。断言はでき
かねますが、TFDの経営理念に沿った事業が行われれば、違法や不
法等は生じないような気がします。

　GRMは、欧米的、特に米国的な考え方が参考にされていると感じ
られる個所があるかもしれません。ですが、そのようにお感じになる
ところがあるにしても、「17の主要ポイント」（図表2-⑤）をはじめ、
GRMに関する基本構想づくりの際、私としては、米欧的なリスクマ
ネジメントの考え方を意識的に採り入れたつもりは全くありません。

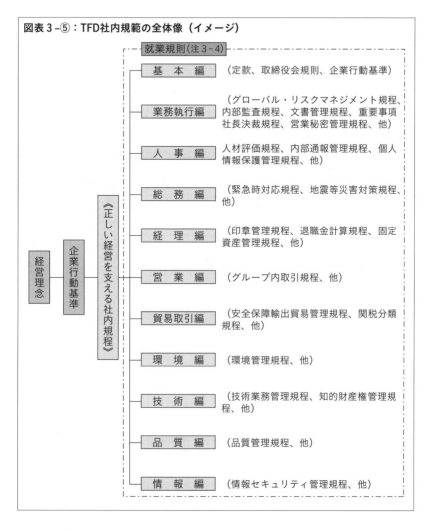

図表3‐⑤：TFD社内規範の全体像（イメージ）

就業規則(注3‐4)

基 本 編	（定款、取締役会規則、企業行動基準）
業務執行編	（グローバル・リスクマネジメント規程、内部監査規程、文書管理規程、重要事項社長決裁規程、営業秘密管理規程、他）
人 事 編	人材評価規程、内部通報管理規程、個人情報保護管理規程、他）
総 務 編	（緊急時対応規程、地震等災害対策規程、他）
経 理 編	（印章管理規程、退職金計算規程、固定資産管理規程、他）
営 業 編	（グループ内取引規程、他）
貿易取引編	（安全保障輸出貿易管理規程、関税分類規程、他）
環 境 編	（環境管理規程、他）
技 術 編	（技術業務管理規程、知的財産権管理規程、他）
品 質 編	（品質管理規程、他）
情 報 編	（情報セキュリティ管理規程、他）

経営理念 → 企業行動基準 → 《正しい経営を支える社内規程》

　構想づくりにおいても、構想の実践のあり方においても、参考にしたのはTFグループの経営についての基本の考え方と実務から学んだ経験則であり知見だけです。TFグループの経営基本方針を考案され

注3‐4：常時10人以上の労働者を使用する使用者は、就業規則を作成し、行政官庁に届け出なければならないとされている（労働基準法89条）

た創業者が、考案の過程で欧米の経営のあり方を研究されたとすれば、その部分は今回のGRM構想に活かされているのかもしれませんが。

　ただ、GRMの磁石としての３つの約束は、幅広い意味での「ルールによる支配」との類似性がないとはいえません。「ルールによる支配」、すなわち、「法の支配（rule of law）」というのは、『専断的な国家権力の支配を排し、権力を法で拘束する』という英米法体系中の基本的原理であり、まさに、欧米的な概念のように思われるかもしれません。ですが、３つの約束は、実務体験を拠り所としたものであって、もって非なるものだとお考えいただいて結構です。

　余談ではありますが、海外事業場の経営幹部研修の項目にはTFD経営理念研修が含まれていますが、海外社員は、そのほとんどが経営理念を称賛していると聞いています。先ほど、コンプライアンスのとらえ方についてのお話がありましたが、私は、規範だから守らなければならないという手法ではなく、何故、遵守しなければならないのかを、社会との関係、社会の公器としての観点から説くことが、最も必要なのではないかと考えています。

TFグループの経営理念には、今後も生き続ける不易がある！

佐藤　伊藤部長、僕はね、TFDのGRMの底を流れるのは、結局のところ、TFグループの創業者が長年にわたって創り上げた経営理念（注3-5）だと確信しています。つまり、TFグループは、社会に貢献するために存在する社会の公器であるという信念。さらに、その信念に由来する、経営は公事であって、決して個人が私物化してはならないものという確信。これらに尽きるのではないですかね。現代の企業経営を考える場合、日本には日本のとか、アメリカにはアメリカのとか、欧州には欧州のといった地域的・民族的な歴史や伝統といったも

のの影響を無視することはできないと思います。

　だから、我がTFDは日本という島国で、日本人が創業した企業だから、当然に、日本人創業者の考え方が経営の隅々にまで浸透しているのは間違いと思います。ですが、企業が創生して以来今日までの歴史を眺めますとね、独自といわれているTFグループ経営理念にも、日本的な物の見方や考え方だけではなく、創業者がさまざまな国や地域、あるいは場所で、見聞された欧米中の企業観や人間観が、意識、無意識を問わず、見事に吸収され散りばめられている。そう思うのです。創業者は、存在するものは全て自らの師と判断されていた方だから、目的達成に必要と判断されたものなら何であれ、吸収され、それぞれの本旨を生かそうと心掛けられたと思うのです。

　人が社会の中にあって、社会を相手として、自身の身の丈に応じたことを懸命に行い、その繰り返しの延長線上に、企業本来の使命を社会と企業との関係性の中に見てとった。僕は、そうしてできあがったものがTFグループの経営理念だと考えています。社会の公器であるが故の正しい経営の持続。それを指導しているのが、経営理念なのです。

　経営理念に導かれた正しい経営を全員の衆知を集めながらで実現する。それが、今年1月の段階で山下副社長と伊藤部長にお願いしたGRMなんです。

注3-5：松下電器の経営理念（basic business management philosophy）は、基本的に、「綱領（basic management objectives）」「信条（company creed）」「遵奉すべき七つの精神（seven principles）」から構成されている（「松下氏著、『商売心得帖』（PHP文庫）「補章　古今の家訓・店訓・社訓いろいろ」参照）。「松下電器の存在の目的・意義とは何か」と簡潔に表した「綱領」、その目的を果たすため全員の協働（cooperation and team spirit）の必要性を促す「信条」、最後は、協働する社員一人ひとりの心の拠り所として堅持すべき「七つの遵奉精神」。この3つを一対として、松下電器並びに社員は業務に励まなければならないことが示されている。この種の理念や家訓、社訓は、昔よりあり、かつ少なからず今に伝えられている。

⑶ 第三者との約束についての報告

伊藤 ③の第三者との約束（「契約」）についてご説明します。

　　　私は、販売は役立ちの占有率、利益は役立ちの報酬又は役立ちの対価であるととらえています。事業の収益確保という観点からしますと、事業部、その傘下の海外事業場、そして本部という全事業場が、特段に注意を払わなくてはならない約束は、第三者との契約です。

　　　正しい経営という場合に、その意味を単にルールや規範を尊重するということだけでは不足です。利益を確保できているかどうかがTFDの存在意義を証明する尺度でもありますから、何よりも、企業人として、利益のことを考えなければなりません。TFグループでは、利益なき経営は罪悪と看做されてきています。契約は、利益を産み出す事業の成長エンジンそのものです。明らかにTFDの経営は、多くの取引先と結ぶ契約に支えられています。およそ、第三者との契約を結ばないで存続し、成長している企業はないはずです。

佐藤 重要な話ですね。

伊藤「製品の品質は経営の品質、経営の品質は製品の品質」というのがTFDグループの経営スローガンです。TFDは、このスローガンに沿って開発・設計の段階から、技術、製造、品質管理の各部門が一丸となってモノづくりを行っております。ところで、GRMの内、契約リスクマネジメントの観点からTFD（すなわち、傘下の各事業部）が終始注意を払わなければならない製造・販売契約は、基本的には2つです（図表3－⑥）。それは、

　　　イ　法人としてのTFDが契約当事者となって第三者と締結したもの

　　　ロ　法人としてのTF株式会社が契約当事者となって第三者と締結したものの内、TFD傘下の事業部や各事業部傘下の海外事業場に影響を及ぼすもの

です（例えば、TFD又はTFD傘下の事業部が、契約対象製品の製造

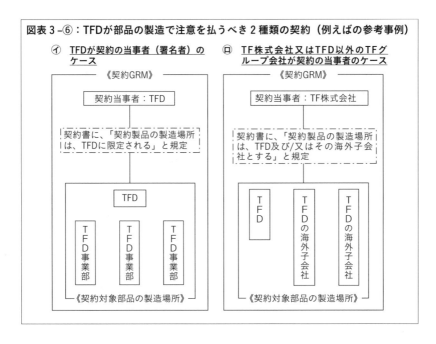

図表 3 −⑥：TFD が部品の製造で注意を払うべき 2 種類の契約（例えばの参考事例）

委託者として委託生産を行い、TF 株式会社の相手方当事者に当該製品を供給するケース）。

　①は、法人としての TFD が契約当事者となっています。この契約書は、いつでも契約書の内容をチェックすることができます。合意された内容通りの製品を生産し、相手方当事者に販売（配給）することが可能です。万が一、製造した製品の品質等に不具合が生じたとしても、合意の内容にしたがって対応・対策を取ることができる状況にある訳です。

　該当事業部のリスクマネジャーから、何らかのリスク発生の通知があれば、本部の GRM 体制チームが当該リスクの処理に協力できるでしょう。3 月 25 日付で、CREO の山下副社長名で、「TFD 全社 「グローバル・リスクマネジメント体制」設置の件」という表題の通達（図表 2 -⑧）がメール配信されております。

　通達の添付書類として、「(1) 「委嘱証書」（図表 2 -⑨)」がありま

す。図表 2 -⑧には、リスクマネジャーが果たすべき当面の役割が記載されています。

㋺の契約は、契約を結んだ当事者がTFDでないために、㋑の契約者の場合よりも注意を払った管理体制の構築と体制の運用について一層の注意を払い、適宜のチェックを行う必要があると考えております。㋺のカテゴリーに含まれるリスク事案は結構発生しており、そのケースを要約してご紹介致します。件名としては、TF株式会社が結んだ製品供給契約に基づく委託生産を行いカスタマに供給した製品の不具合リスクという類のものです。

山下副社長が交渉のチームリーダーとなり、私も参加し、販売（配給）先のお客様との交渉に同席致しました。TFD製のデバイスは、米国にあるTF株式会社の子会社が製造した完成品に組み込まれたデバイスでした。完成品の不具合の原因は、TFD製デバイスが原因というのがカスタマの主張でした。

完成品を製造した米国子会社の品質担当副社長もその交渉に同席しました。交渉の折のカスタマ担当役員の説明は、実に巧みであり、その説明に乗せられ、想定以上の和解金を支払う結果となったケースです。

和解からしばらくののち、TFD製のデバイスには欠陥がなく、カスタマから提出された完成品設計に問題があったことが分かったのですが、和解の後であり、やむなくあきらめた交渉となりました。ほろ苦い交渉経験となったケースです。

成長エンジンとしての契約は、体系的な契約管理システムに基づき保管される

伊藤 結ばれた契約書の保管は、基本的に、契約製品を製造する事業部の経営部で保管されている状況です。保管に関しては、改善すべきところがあるのですが、その点を念め、事業年度下期に、全事業部を巻き込

んで総合的な契約書管理システムを構築する計画であり、計画実施の過程で解決する予定です。それまでは、担当事業部による保管のままでよいと考えております。

伊藤　また、現在顕在化したリスクの種類は以下の 2 つです。

　　　A　下請け生産の場所

　　　B　製品仕様書（コピー）の入手

佐藤　なるほど。

GRM に基づいた運用も変更することでリスクを減らす

伊藤　カスタマとの契約によるようですが、契約書に、契約製品の製造場所が一か所に特定されているもの、複数の場所が指定されているもの、国内に限定されているもの、TFD の海外事業場でも構わないとするもの等があるように思います。

　　　当然ですが、製品の仕様書が契約されている場合には、製品は当該仕様書に沿って、製品製造場所が特定されているのであれは、特定された場所でしか製造してはならない。それが契約というものです。

　　　契約的にいえば、TFD は、契約で定められている製品デバイスは、契約にしたがって、契約された場所でしか製造してはなりません。

　　　そもそも、下請負をするのであれば、TF 株式会社がカスタマと締結した契約書の中身を教えてもらうなり、契約書の関連個所のコピーを受取るなりしなければなりません。リスクを顕在化させた TFD 事業部が、何故そうしたことをしなかったのか。その点が、リスクマネジメント上、大きな問題だと思われます。

　　　私が TFD に異動した昨年 10 月以降に発生した契約対象製品の品質・不具合問題は複数あり、そのどれもが今説明した状況下で起こっています。

　　　TFD が当事者となって締結された契約（書）の補完システムを検討する際、TFD が契約当事者とはなっていないにもかかわらず、下

請けとして生産を受託しなければならない場合の、関連契約書のコピーの保管に関するGRMも、同時に検討致します。

　尚、第三者と結んだ契約は、当事者が誰であれ、企業の機密情報です。TFDが結んだ契約、Tグループが結んだ契約、いずれの契約でありましても、その内容が外部に漏れるようなことになれば、会社の戦略が一般公開されてしまうのと同じです。したがいまして、契約書並びに契約書のコピーの保管につきましては、本部傘下の情報セキュリティ部との協働で、誤りのないよう慎重に実施致します。

契約の「中」と契約「前後」のリスクにも細心の目配り、気配り、心配りを！

伊藤　第三者と結ぶ契約は、TFDにとって成長のエンジンであるため、極めて大事なリスク分野です。契約は、相手方との契約内容そのものが重要ではありますが、契約に至るまでの前段階でのリスクについても、気をつけなければなりません。

伊藤　契約の中には、社会規範の中核である法令違反が疑われる約束なり合意が含まれる可能性があります。仮に、署名されたる契約書に、法令違反が疑われるような約束が規定されていなくても、締結の前後に、違法な約束、違法が疑われる約束をしていないかに注意しておかねばなりません。TFDは、今のところ、公共入札という世界の仕事には関わっておりませんが、この世界では公共入札の世界には、談合や、それに伴う贈収賄といった重大な違法行為がなされている場合があります。仮に、当事者間で結ばれる最終的な契約自体は、法的に判断して全く問題のないものであったとしても、その前後に重大なリスクが隠されているかもしれないということです。

佐藤　契約できたから喜ぶんじゃなくて、細部まで注意を払わないと足元をすくわれますね。

伊藤　そうなんです。そのようなリスクを排除するため、TFD事業の成長

に関係すると思われる契約リスクを想定した社内研修用教材を作成しようとしております。GRMと契約（注3-6）という仮題の教材です。冊子の作成には、TF本社の法務部にも協力を仰いでいます。

契約書は飾りではなく、事業の本質
～契約は、経営者による約束！～

伊藤 TFDに着任してほぼ1年が経過します。契約は、TFD事業の成長のエンジンとなるものですから、事業部長や工場長、幹部社員、担当者の全員に慣れ親しんでもらわなければならないと考えています。21世紀の今日のビジネス社会においても、契約や契約書といえば、何かしら事業のお飾りとしてしか見ていない人が、非常に多いと感じます。

　経営のグローバル化はより一層スピードを増し、かつ、内容は多様化し複雑化して参ります。そうした変化の過程をよく観察しますと、至るところで関係者間の契約がそのベースになっていることがよく分かります。

　契約は、約束です。グローバル社会の基盤はお互いの約束なのです。そのような認識を持つことができれば、契約の重要性に気付くはずだと思いますし、気付かねばならないと思うのです。いつまでも、仕事は仕事、契約は契約といった事業観や経営観に頼るのではなく、仕事は契約に基づいて発生し発展していく。また、約束によって、諸々のトラブルも生じるといった見方をしてもらわなければならない。そう思うのですが、いかがなのでしょう。

佐藤 そうですね、日本人の大半にいえることかもしれないですが、日本人

注3-6：GRMと契約は、基本的に、(ⅰ)契約リスクに関する考え方、(ⅱ)締結済みの契約の履行とモニタリング、(ⅲ)締結済み契約の登録保管、(ⅳ)契約書へのアクセス権と守秘義務等から構成されている。しかし、契約は事業活動の反映であるため、交渉のテーマや内容は、事業経営環境の変化とともに変化する。したがって、契約リスクの検討事項も内容も変化していくことになる。

は歴史や伝統からして、約束を尊重し約束を守る国民性は、相当に旺盛だとは思います。

しかし、欧米流の契約観、つまり、契約の解釈にはそれほど重きを置かず、契約の精神といったものを重視してきたようなところがあるのではないですかね。

精神ですから、約束を具体化している条文には、それ程の注意を払わなかった。というよりも、払わなくても、当事者の約束はうまく守られ、約束の目的は適切に達成された。そうした歴史のうえに、日本は成り立ってきたのではないでしょうか。

創業者も、あるとき、社会との見えざる約束といった言葉を使われたことがあります。見えざる約束とは何か等という質問は出なかったようですが、きかされた社員一同、創業者が言わんとした精神と心情は、十分に理解したと社史は伝えていますね。

しかし、グローバル経営の今日、契約は、精神だけではいけません。合意の内容は、あるがままに解釈され理解されなければなりません。それが21世紀ビジネス社会の常識であり、TFDにもそうした理解が浸透していかねばならないと考えます。

山下　本当に社長が言われる通りです。現代における企業間の約束、すなわち、契約に対する見方や考え方は変えなければなりません。契約締結の前後にも注意をしなければなりません。これは、伊藤部長が指摘した通りではないでしょうか。

創業者の「契約観」には厳しさがあった！

伊藤　契約は、経営者の約束というのは本当だと思います。事業のお飾りとは、テープカットのためにあるのではない。そこに当事者間の真剣な約束が死守されている訳ですから、経営者が理解し、契約の内容通りの履行が行われているかどうか、自らの責任でチェックしモニターしなければならない。現実的には、担当部署なり担当者に履行を任せて

いるとしても、結果に対する責任は経営者が負う。そういった重責が契約の背景にある。そういうことだと思います。

もう何十年も前の話ですが、創業者はお客様と交わした約束には随分厳しかった。

あるとき、ある事業部が結んだ契約に基づく履行についてお客様からクレームがついた。そのことを聞き知った創業者は、約束の内容と履行の結果を精査した。すると、確かに履行の内容は約束された水準より低かった。すると、履行を担当した事業部の責任者を呼び、「お客様のいうレベルの結果になるよう、全面的にやりかえなさい。」と命じられたそうです。創業者の契約観を表すものとして有名な話です。

佐藤 そうです。創業者は、約束自体を非常に大切にしておられたのです。TFグループ内における契約の歴史の重要な一こまでしょう。

契約GRMは、契約と事業を再結合するのが目的

伊藤 私も、そのお話、入社配属直後に上司から聞かされました。確か、TFUSAでも、幹部社員を前に紹介した記憶があります。米国は、契約社会ですから、素直に話の内容を理解してくれたようでした。

私は、契約GRMを実践する過程を通じて、少なくとも、TFDが結んだ第三者との契約は、どのような種類のものであれ、事業部のGRM体制チームメンバーの方達には契約書の骨子だけでも理解してもらわなければならない。そして、事業部長や事業の担当責任者の方々には、リスクマネジャーの方から契約に重要性について、適宜指摘してもらえるよう働き掛けたいと考えています。当然、契約セミナーといったものも行うのですが、行う場所は、原則事業部にしたいと思っています。契約風土の醸成から再スタートするというのが狙いです。

契約GRMに置きましても、"職場は一将の影"の諺通り、事業部長

の率先垂範が重要だと思いますので、この点をうまく織り込む予定です。先程ご紹介した品質不具合問題発生の経緯を担当のリスクマネジャーからきいた限りではありますが、契約書に署名した幹部社員自身がその契約書を読んでいない。しかも、担当部署の社員をして読むことを命じたり、あるいは、締結後に契約履行の状況がどうなっているかについて訊ねてもいない。これでは、契約違反が生じても不思議ではありません。

　グローバルな市場社会においては、契約を最も大事な戦略と看做して交渉に臨み、トラブルが生じると結んだ契約書を前に出して自社の利益を強烈に主張する。あるいは、自社が被り得る損失を最小限にするための理不尽と思われる程の法外な訴えをする。そうした英米法を法体系としている国や地域は少なくありません。

今後GRMで活かすべき契約事例

伊藤　これ以降のご報告は、事業契約の考え方についての話が中心となります。お聞きいただけますでしょうか。

　　イ　交渉の進捗段階をベースに契約リスクを眺めるととどうなるか？

　　ロ　社内での契約締結までの手続きはどうすべきか？

　　ハ　バランスのとれた国際契約書の形

佐藤、山下　聴講致します（笑）。基本の考え方を理解しておかないと、その後の実務の当否も分からなくなりますからね。伊藤部長の考えをお聞かせ下さい。

接触段階と予備的合意は注意すべき契約実務

伊藤　先ず、「交渉の進捗段階をベースに契約リスクを眺めるととどうなるか？」です。

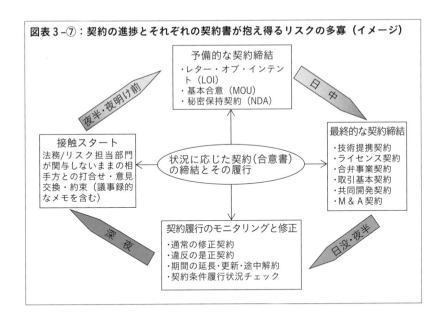

図表 3 –⑦：契約の進捗とそれぞれの契約書が抱え得るリスクの多寡（イメージ）

　お手元の図表 3 –⑦をご覧下さい。図表 3 –⑦は、国際的な合弁事業契約の交渉を行う場合に、交渉の段階で結ばれることが多い合意書（の名称）を、交渉の経過をイメージし、それを図示したものです。

　交渉にかかる時間を一日と仮定しております。その一日を、夜半・夜明け前、日中、日没・夜半、深夜の 4 段階に分けています。図示した契約なり合意が成されず、次の段階の契約に飛んでしまう可能性もあります。

　図表 3 –⑦でお伝えしたいことは、接触の段階や予備的な交渉段階という段階で結ばれる契約（合意）は、それ以外の段階で結ばれる契約よりもリスクが事実上大きいか、あるいは、大きいに違いないと考えるべきである点です。

　接触の段階と予備的合意の段階というのは、事業担当者同士の話合いや意見交換が行われる段階を意味しています。この段階には、現在のTFDでは、契約の専門家はいないという想定です。この段階で締結される合意は、予定されようとしている事業（ビジネス）の基本的

な構想なり枠組みといわれているもので、双方にとって「心地よく感じられること」だけが含まれているケースが多いというのが、一般的かと思われます。

　この段階の合意は、書面化されるときもあれば書面化されない場合もあります。所謂、口頭での合意だけかもしれません。しかし、書面化されないケースであっても、この段階の合意がその後に具体化され現実化してしまいますと、違法（又は、違法の芽）に相当することになるかもしれません（注3-7）。

　国際合弁事業においては、独占禁止法が禁じている、地域分割が約束（必ずしも、文書化されているとは限らず、口頭での合意や、"あうんの呼吸"という方法の場合もあります）されているケースがないとは言えません。この種の合意や約束は、文書化されると否とにかかわらず、法律上の効力が生じる可能性があると考えることが大事です。いずれにしましても、この2つの段階の合意には、法的・契約的なリスクを知った人間が関与していないため、法的な検討がなされない状態になっている訳です。

　この段階で結ばれる合意が文書になっている場合、その合意者には、「リーガリー・ノンバインディング（Legally Non-Binding；法的拘束力なし）」という文章が記載されている場合があり、そのように記載されている限り、後日の問題は生じない。つまり、図表3-⑦の中の日中で結ばれる最終的な契約で、以前に結ばれている合意はすべて破棄される云々と規定しておけば、後々にリスクは生じない、といった解釈をする人もいます。しかし、その解釈が正しいかどうかは裁判の中でした分からないのです。リスクマネジメントは、今のようなリスクの発生を、より適切にマネジメントするのが目的です。

佐藤　確かに、TFUSAにいた頃、アメリカ人部下が見せてくれるさまざま

注3-7：違法・違法の疑いがある約束がなされるリスクは、接触の段階や予備的な契約締結の段階で大きく、最終的な契約締結の段階で小さくなる可能性がある。したがって、接触の段階からGRMが機能するよう工夫しなければならない。

な契約書には、それが取引の最終的な契約書である場合には、完全合
意条項という条項があり、そこには、「最終契約書の締結以前に結ば
れた契約や合意は、文書化されていると否とに関わらず、全て無効で
あり破棄される。」と書いてあったものが多かったように記憶します
ね。書いてあれば、先程伊藤部長が解説したように、初期段階等で結
ばれた違法、若しくは違法の疑いがある約束が存在しても、最終契約
書の完全合意条項で打ち消されるということになりますね。

山下　しかし、この完全合意条項が規定されていない契約書も見たことがあ
ります。欧米以外の国で結ばれた契約書には、完全合意条項のような
規定はなかったような気がするのですが、確かな記憶ではありませ
ん。

　　　仮定の話ではありますが、仮に、最終契約書が結ばれないままに、
途中で交渉が終了してしまう場合はどうなるのでしょう。先の２つの
初期段階での合意であり約束は、そのまま残ることになりますね。意
図すると否とにかかわらず、違法な約束や疑わしい合意は残ってしま
います。この合意書を取り交わした両当事者はどうすればよいので
しょうか。結んだ合意書を放置したままで問題なしとは断言できない
ような気がしますが。

伊藤　今日は、契約交渉の段階で起こり得る契約リスクをコントロールする
ことに焦点を当てるだけにしておきたいと思います。いかがでしょう
か。

佐藤　それで結構です。多分、伊藤部長は伊藤部長としての解を既に持って
いるのでしょうが、念には念を入れて僕に伝えるということなので
しょうね。

契約には契約期間を定めるべし

伊藤　合弁事業契約に限らず、契約一般に適用できるかと思いますが、TF
時代に学んだことがあります。それは原則的にではありましょうが、

契約には有効期間を定めるべしというものです。

　契約は事業活動そのものでもあります。事業の拠り所と考えても誤りではないと思います。しかし、契約は単独行為ではありません。相手方がいます。相手の関係。それが契約の実体だといえます。相手がいる関係というのは、一面不安的なものです。最初は利害関係とか力関係が均衡していても、時の経過とともに関係というのは変化していきます。変化の結果、自らの相手として望ましくなくなったという場合が出てくるかもしれません。あるいは、これまでは問題なしと思っていた関係を、一度見直した方が良いという時期がくるかもしれません。

　ところで、事業なりビジネスの関係というのは、協働を始める時よりも、協働を解消することの方が難しいと思います。社長、副社長のこれまでのご経験でもそうではなかったでしょうか。

　関係の解消には、想定したこと以上に、時間がかかり、かつ、コストがかかります。そのビジネスが主務官庁の許認可を得てのものであれば、政府関係者との調整にも時間を取られます。マスコミにもたたかれ尾ですることがあるかも知れません。とにかく、面倒なリスクが生じます。そうした関係解消リスクの根本的な個所を、相対的に容易にするためには、結ぼうとする契約に関係解消の規定をバランスよく規定しておくことが必要なのです。政府許認可を取得する際に提出する契約書に、解消の規定を定め、その契約書を許認可してもらうという作業です。

山下　伊藤部長が適切と考えている解消の規定というのは、簡単に言えばどのようなものでしょう。

伊藤　基本的には、以下のような契約解消規定は必要だと思います。

- ● 契約の有効期間
- ● 違反による契約解消規定
- ● 会社の破産、債務超過、解散・清算等解会社の異常事態が生じた際の解消規定

　今述べた以外にも、その時々に必要と判断される解消規定があると思います。私の経験でも、企業の力関係を念頭に、解消を仕掛ける側にいるのか、仕掛けられては困るかなどを、事業部と念入りの相談しながら交渉に臨んで来ました。

　契約交渉で、終始忘れてはならないのは、交渉は生き物だということです。相手も生き物です。こちらからの一方的な要求は、交渉の流れを悪くします。交渉の前提は、お互いのWIN-WINです。したがって、相手の立場も十分に配慮したものであることが必要だと思います。このように考えますと、交渉というのは、簡単にはマニュアル化できないかもしれないかもしれません。難しいことをよく理解したうえで、マニュアル化を検討するというのが現実的なのではないでしょうか。

長きにわたる国際合弁事業も役割を終えるときが来る！契約も時代の子

佐藤　契約交渉の場合、お互いの損得関係を超えた信頼関係の有無や程度といったものが、どうしても要るような気がしています。契約でも、投資を前提としている合弁事業契約の場合などは、特にそうではないでしょうか。

　TFグループの場合でも、当時社長の地位にあった創業者は、戦後の復活を託すため、最善の合弁事業パートナーを探すため、1年以上の月日を費やして、米欧の著名企業訪問を繰り返したといわれています。合弁事業、とりわけ、国際合弁事業は、当時の状況では本当に難しかったのだと思います。その国際合弁事業も、数年前、友好的な交渉を通じて解消されたのですね。約半世紀も続いた合弁事業でした。

伊藤　その解消のための交渉チームの事務局を仰せつかったのが私なのです。何年もかかった交渉となりました。

佐藤　そう聞いています。どんな契約も、時代の子だと思わざるを得ませ

　ん。

社内での契約締結までの手続きをどう取るべきか？

伊藤　「社内での契約締結までの手続きはどうすべきか？」に関し、ご説明
　　します。図表3-⑦でご説明しましたように、契約リスクは、法務や
　　契約の担当者が関与していない段階で発生しやすいと申し上げまし
　　た。好ましくない話合いや文書が交わされたりする可能性が高いと推
　　測しております。図表3-⑧をご覧願います。好ましくない契約リス
　　クを排除するためには、初期段階の契約交渉の時点で、下記(ⅰ)(ⅱ)(ⅲ)の
　　いずれかの措置をとることが望ましいと考えます。

　　　(ⅰ)　法務社員も同席する（相手方の事前了解をとることが望まし
　　　　　い）。

　　　(ⅱ)　法務社員の参加が実現しない場合、交渉に先立ち、法務社員に
　　　　　相談し、アドバイスを得ておく。

　　　(ⅲ)　交渉が行われる国（都市）で、TFD法務部が推奨する社外弁
　　　　　護士と事業場の担当社員が、交渉に先立ち、交渉に同席を求める
　　　　　か、叶わない場合には、アドバイスを得ておく。

　　　私は、契約が、国際契約である場合、(ⅰ)を推奨します。

　　　この半年の間にCROMの私に相談があった国際契約交渉案件につ
　　いて申し上げますと、私自身がその段階の交渉であっても私自身が同
　　席するか、私に代わって海外法務室長が参加しました。どのケースで
　　も、相手側は、社内、社外いずれかの弁護士を同席させていましたか
　　ら、TFD側の対応に異論は出ませんでした。

法務の専門家が交渉に同席するのは自然の流れであり、当然のこと！

伊藤　欧米企業との交渉はもちろんですが、昨今は、アジア地域に所在する

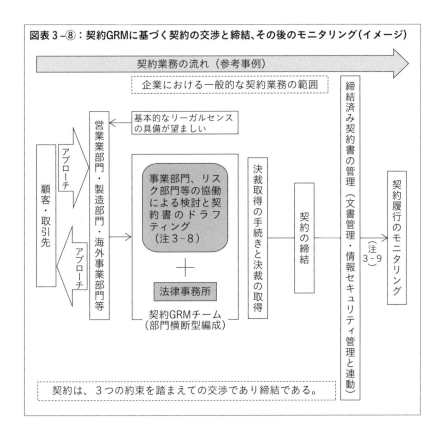

図表3－⑧：契約GRMに基づく契約の交渉と締結、その後のモニタリング（イメージ）

企業との契約交渉に、相手側の弁護士が同席するのは珍しくなくなっています。国や地域のいかんを問わず、多くの企業では、事業推進の適法性や適正性を株主や取締役会、監査役会等に監視される傾向にあります。したがって、交渉の内容や進め方についての妥当性を確保しなければならなくなっています。

　こうした点を考慮しますと、TFDにおいても、図表3－⑧に記載されている契約GRMチームによる契約の検討に、適宜、外部の弁護士

注3-8：外部の専門家（外部法律事務所）を活用できるマネジメント能力を、社内の検討チームで開発することが望ましい。

注3-9：文書管理は訴訟対策を念頭において、5W1Hに沿って作成することが望ましい。

の参画を求めるのは極自然のことなのです。最終契約を検討する段階での参加も大事ではありますが、初期段階で結ばれる契約や話し合いの内容をチェックするときから、TFDの顧問弁護士を参加させ見解を質しておくべきであると考えています。

いずれが契約文書をドラフティングするのかは、重要な交渉戦略

伊藤 また、従来、TFDは、国内、国際のいずれを問わず、相手方企業当事者に契約のドラフトを作成させていたようです。しかし、私が着任して以降、昨年にTFDに着任してからは、契約のドラフティングはTFDで行うように相手方を説得して来ました。今後とも、この方針で交渉に臨みたいと考えています。

佐藤 伊藤部長、それは良い考えだと思うね。交渉は、互いの意見の主張が歩み寄り合意された結果が文章化される。だから、どちらの当事者が、最初の契約案（契約ドラフト）を作成しても差はないと考える向きもあるけれども、それは誤りだと僕は思っています。

　欧米企業が作成する最初のドラフトは、駄目元の考え方が反映したものが多いと感じてきましたが、それにいちいち反論するのも厄介で実にエネルギーが要ることです。言葉のハンディもありますからね。とにかく、面倒で、正直、疲れます。この点は、僕も、TFUSAでの営業部長時代に何度も体験しました。

　合弁事業契約などは、特に大変でした。やたらと付属される契約書が多いです。特に、合弁事業解消に関わる条項は、本体の契約と付属される契約書に規定されている条項との関係が、やたらと錯綜しており、全体像を博するのに骨が折れた記憶が残っています。

　そのとき、伊藤部長がTFUSAのリーガル部門に出向中で、そうした錯綜を分かりやすくチャート図を示して僕たちに解説してくれたからよかったものの、そうでなかったら交渉がどうなっていたのか。今

思い出してもゾッとします。何故、アメリカ人たちは、あのような複雑な契約を作るのか不思議に感じたものです。

山下　本当かどうかは分かりませんが。それが、相手方に対するアメリカ人弁護士特有の一流の交渉戦略だと聞いたことがあります。

佐藤　そうだとすれば、契約のドラフティングはこちら側に任せてくれるようにすることから交渉をスタートさせるのを基本としましょう。伊藤部長、この線でお願いします。

契約事項は内部統制の対象

伊藤　契約がTFD事業にとって重要な成長エンジンであるということは、TFDの内部統制の対象である。したがって、モニタリングに耐えるものでなければならないということでもあります。この点を考慮し、取締役会での付議に先立ち、当該契約の交渉と締結に関わる事業部と本部傘下のスタッフ部門の稟議・承認を得ておくべきと考え、契約決裁手続きを考案し、山下副社長にご相談。直ちに開始致しました。

　図表3-⑧に記載の締結済みの契約書の保管は、4月スタートのGRMの一環ですが、本格的に進めるのは、先ほど触れましたように、事業年度下期からです。

契約書は、事業とリスク双方のバランスがとれた形に！

伊藤　引き続きまして、バランスのとれた国際契約書の形についてご説明致します。お手元の図表3-⑨（望まれる（国際）契約書のイメージ）をご覧願います。図表3-⑨でお伝えしたいのは、当事者間の争いは、訴訟や仲裁で解決されるのが望ましいということではなく、当事者間の話し合いを通じて解決されるのがベストだということです。

　特に、日本企業同士の問題の解決は、関係する当事者間で解決するのが、最善の方法であり、得策であると考えます。日本は、歴史的に

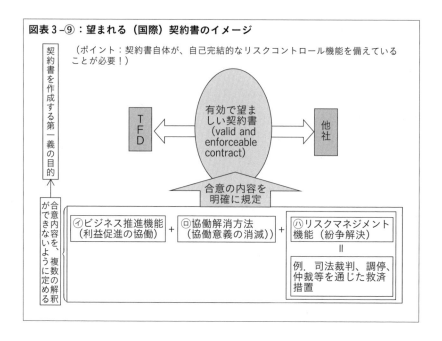

図表 3 –⑨：望まれる（国際）契約書のイメージ

（ポイント：契約書自体が、自己完結的なリスクコントロール機能を備えていることが必要！）

契約書を作成する第一義の目的

合意内容を、複数の解釈ができないように定める

有効で望ましい契約書（valid and enforceable contract）

TFD　←→　他社

合意の内容を明確に規定

㋑ビジネス推進機能（利益促進の協働）　＋　㋺協働解消方法（協働意義の消滅））　＋　㋩リスクマネジメント機能（紛争解決）
＝
例．司法裁判、調停、仲裁等を通じた救済措置

も伝統的にも三方良しといった調和を大切にしてきた国であり社会です。そうしたDNAは、今も引き継がれているように感じます。

話合いの優先順位は、訴訟大国の米国でも高い！

伊藤　訴訟王国といわれている米国を拠点とする企業でも、当事者は、本当のところ意見の違い等は、話合いで解決されるのがベストだと考えていると思います。ただ、米国の伝統としては、話合いで解決するためには、「はじめに、訴訟ありき！」と信じているのではないかということです。それが、彼らのDNAであり遺伝子であると理解したのです。ちなみに、民事の分野での訴訟は、提起されたものの内90％程度は、トライアル（公判手続き）に入る前の裁判外の和解手続きによって解決されていると、ニューヨークの顧問弁護士から聞いたことがあります。実際、訴訟好きのアメリカ人といわれても、本格的なトライ

アルに入ってしまいますと、費用も膨大となります。合理的に判断し、和解を選択しても不思議ではありません。このような情報からしますと、米国人が訴訟好きというのも、巷のステレオタイプのうわさ話の域を出ないのかもしれません。

山下　話し合いで決着したいけれども、その前の儀式として、米国では裁判に持ち込むというのが伝統的なスタイルなのかもしれませんね。国の生い立ちが米国と日本とではまるで異なりますから、仕方のないことなのでしょう。ですが、我が国の企業の多くが米国や欧州、中国など外国に出てしまっていますから、郷に入れば郷にしたがえの諺通り、そうした各国の伝統的手法にも精通していかねばならないと思います。まさしく、紛争解決の多様性ということでしょうか。

伊藤　TFDが、国際契約に基づく紛争解決を、とにかく、「話せば分かる」といった話合い至上主義の考え方で乗り切ろうと考えるとすれば、その思いは、21世紀では通用しないかもしれません。

　仮に友好的な関係を長く続けているケースであっても、いざ紛争となれば、紛争と取り仕切る人物は、これまでの窓口役であった方とは違う人物が表舞台に現れるということが、外国企業ではよくあるようです。役者が交代するのです。全てとはいえませんが、紛争の窓口役となった方は、紛争に勝利することがミッションですから、紛争処理を機能的に考えます。それが普通です。我が国場合、関係がうまくいっているときも、そうでなくなったときも同じ人物が窓口に立っているのは珍しいことではありません。海外では、かつての親しい人物が現れる機会は、裁判や仲裁法廷での証言の際だけかもしれません。

　私は、話合いでの物事の解決を否定しているのではありません。出向先のグループ企業では、和解の伊藤といった呼び名があったくらい和解で事を集約してきました。

　その場合においては、和解を重視してきた理由があります。紛争の根拠となった国際契約書に規定されている紛争処理条項の表現が曖昧であったり、条文を解釈する際の根拠となる準拠法条項が規定されて

いなかったりしたことが大きな理由でした。個人的には、話合いでの
解決ができれば、それに越したことはない。コスト的には、今後の方
法の関係維持の観点から判断しても、そう思います。

話合いで解決できないこともある！

伊藤　ただ、これからの時代、話し合いで解決し難い事案も出てくるでしょ
　　　から、話し合いを進める場合であっても、紛争を司法手続きや仲裁手
　　　続きの中で処理していくというバックアップ機能を、契約書の中に
　　　しっかりと定めておかねばなりません。そして、話し合いの断念に備
　　　えておかねばならないとは思います。ですから、これまでに結ばれた
　　　契約は別にして、これからの契約書には、最近の紛争処理の実情を踏
　　　まえた紛争処理条文を規定したいと考えております。既にどういう規
　　　定が妥当か、ニューヨークの法律事務所に依頼しております。

出口戦略としての紛争処理条項も進化している
～ある時代の他社の事例～

伊藤　少し前の話ではありますが、ご参考までに、紛争処理条項に関する他
　　　社事例を一つを紹介致します。業界主催の国際契約研究会のメンバー
　　　として参加していたときのことです。同じくメンバーであった大手電
　　　機メーカーの法務の方が、研究会セミナーの講師として、以下の話を
　　　されました。

「ある大手企業が結んだ国際契約に含まれていた紛争解決条項のことで
す。その国際契約書には、紛争は米国仲裁協会が定める仲裁規則基づ
き、ニューヨークでの仲裁で解決されるという趣旨の条項が記載されて
いた。
　契約締結から数年後、紛争が発生し、当事者間で話し合いを重ねたけ

れども解決に至らず、仲裁で解決してはどうかとの意見が出され、社内で検討が始まった。

国際案件であり、国際仲裁であるので、ニューヨークの顧問弁護士にコメントを求めた。中米の合弁事業に関する問題であり、ニューヨークの弁護士は、提携関係にある中米の法律事務所にも助言を求めた。中米の法律事務所からニューヨーク法律事務所と大手企業の法務部に助言（メモランダム）が届いた。

助言によれば、「相手方企業が主たる事務所を置いている国（中米の某国）は、外国仲裁判断の承認及び執行に関する条約（「ニューヨーク条約」）に加盟しておらず、仮に、仲裁地での仲裁で大手企業が勝利をおさめたとしても外国仲裁判断である仲裁裁定を、当該中米国で執行するのは難しい云々」いうことだった。では、中米国での司法裁判で紛争を処理するというのは可能かといえば、「仲裁条項の存在」が防訴抗弁の理由となるため、司法裁判も難しい。そういうことも書いてあったという。

結局、仲裁裁判や司法裁判での紛争解決を諦め、話合いでの解決を追求せざるを得なくなってしまった。結果、タダ同然の価格で、大手企業が所有していた合弁会社の株式を合弁パートナーに売却し、合弁事業契約を解約することができたそうです。この紛争処理をきっかけに、この大手企業は、紛争処理に強いとされる有名弁護士に、ベストな紛争処理条項の検討を依頼した。」

佐藤 なるほど。契約条文は、そのすべてが重要だとは思います。入り口を契約の締結だとすれば、出口に当たるのは紛争処理条項のように思えます。物事は、入口がなければ始まらないので、入口の選択はとても大事です。ですが、ある意味、出口に関する戦略は、より重要だと思います。事業では、特に、そうです。重いんすね。出口から無事外に出るには、あらかじめそのルートを定めておく。ルートに該当するのが、紛争処理条項という訳ですね。

　　代理店契約に基づく販売代理権、特許ライセンス契約に基づく独
占、非独占の実施許諾権、共同開発契約に基づく新たな知財権の所有
権、合弁事業契約に基づく諸々の権益等、それらをどう評価しいかな
る方法で処分するのか。これらはすべて、出口に関連するリスクで
す。解消におけるリスクというのは、一度、よく整理し、事業部に深
く理解してもらわなければならないようです。山下副社長、いかがで
すか。

山下　その通りだと思います。契約がTFDの成長エンジンであるというこ
とは、契約に基づくリスクが縦横に広がり、複雑化していくというこ
とです。リスクの対応には、益々コストと時間がかかる。TFDにも
その覚悟が要るようですね。

佐藤　エンジンである契約事項には、常時、整理と整備が必要になるという
ことでもあるでしょう。

契約に基づく権益を守るためには、契約が法的に強制可能でなければならない
～国際契約に規定すべき３つのカテゴリーとは？～

伊藤　国際契約の内容の構成を考える場合、基本的に、以下の３つのカテゴ
リーに属する条項を、バランスよく規定しなければならないと考えて
おります（図表３-⑨）。

　　イ　事業（ビジネス）に関連する項目とその条文規定

　　ロ　契約解消に関する項目とその条文規定

　　ハ　紛争処理の関する条文規定

　　イが最重要であることはいうまでもありませんが、契約GRMの観
点から申しますと、イあるいはロの分野で生じたトラブルであり紛争
がハの紛争処理条項で、正しく処理されないといった状況を避けるこ
と。これが最も大事なことだと思います。いわゆる、出口戦略の確定
です。

　次に、大事なのは、契約の種類を問わず、㋺の項目です。㋺は㈥と密接な関係にあります。契約が、どうような状況下で解約となるのか、又は、意志をもって解消に持ち込みたくなるのかは、一般的に、契約ごとに異なると思います。ですが、ある一定の事態となった場合には、そうなった理由の如何を問わず、契約は解消されなければなりません。

　例えば、当事者の破産等、当事者に異常事態が生じれば契約を続けることは事実上不可能となります。そうした事態を、もれなく規定しておくことが必要です。

　そして、そうした条文の基づき解約権を行使した場合には、問題なく契約が解消されるようにしておく。このためには、㋺と㈥の分野での条文が法的に有効で、法的に強制力があることが前提なのです。

佐藤　当たり前のように思われますが、国際契約の場合には、準拠する法律等が日本国法でない場合がありますから、注意を払わなければならないですね。

3　排除すべき3つの毒

GRMを阻害する3毒を徹底的に排除しなければならない！

伊藤　TFDが正しいな経営を継続するために採用しているGRM、さらにそのGRMを動かす際の基盤である3つの約束、そのいずれをも生かすか殺すかは、GRM活動に参加している経営者並びに社員一人ひとりの考え方と行動にかかっています。そのGRM参加者全員にあってはならない状況があります。その状況とは、GRM規程（図表2-⑩）に記載されている下記の3つの毒（「3毒」）（図表3-⑩）です。

　　㋑　「無知（不知）」（知らない状態）
　　㋺　「過失」（注意義務を怠る状態や、不注意や怠慢等を原因として

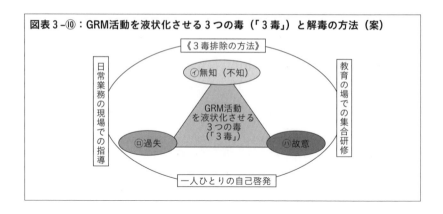

図表 3 –⑩：GRM活動を液状化させる 3 つの毒（「3 毒」）と解毒の方法（案）

犯した失敗）

(ハ)　「故意」（一般的に言えば、ある行為が意図的なものであること
を指す。法律上は、他人の権利や法益を侵害する結果を発生させ
ることを認識しながらも行為すること）

伊藤　事業リスクは、事業計画の中に潜んでいる場合もあれば、事業を推進
している過程で発生する場合もあります。どちらの場合でも、私達
は、担当する業務のプロフェッショナルとして、図表 3 –⑩記載の(イ)
(ロ)(ハ) 3 毒を排除していかねばなりません。 3 毒を免れるための手立て
としては、本人の強い自覚と(i)自己啓発が大前提ではありますが、そ
れをバックアップし強化するためにも、基本的に以下の 2 つの教育研
修が大切だと思います。

(ii)　日常の業務執行の過程での教育（「OJT」）

(iii)　定期・不定期の研修（「OFF・JT」）

現在、本部傘下の人事部が事業年度下期に開催を計画している、第
1 回GRM人事研修の場でも、 3 つの約束の考え方と関連づけながら、
3 毒の排除を強く訴える予定です。

3 毒も活発な生き物として増え続け変化し続ける
～リスクの学習、3 毒の排除には終わりがない～

伊藤 ただ、TFDの事業範囲が拡大し、あるいは事業展開の場所が地理的に広がっていくにつれて、あるいは、事業を取り巻く社会環境が複雑・多様となるにつれて、3つの約束に含まれている個々の約束の中身も広がりを見せたり、内容の変化を伴うようになります。学ばねばならない知見の量も増えてきます。そうした変化こそが新たなリスクを誕生させていきます。GRMの成否は、3毒の排除が前提となります。

佐藤 抽象的な言い方にはなりますが、GRM活動も経営活動です。ということは、GRMにも経営効率が不可欠であるということです。いかにして効率性を高めるのか。この点も考えて下さい。社内外の資源活用、ITやAIの活用など、創意工夫してもらいたいと思います。それを、事業との一体化の中で実現できるよう進めていただきたいですね。

4 社外法律事務所のネットワークづくり

TF本社法務部からの協力を得ながら見本となる形を

伊藤 最後に、もう一点、TFD・GRM体制づくりの一環として、計画中のものがございます。

図表3-①を再度ご覧下さい。現在、TFDグループのGRM体制は、下記のリスクマネジャーから構成されるGRMネットワークによってマネジメントされております。

- ㋑ CREO
- ㋺ CROM＋本部GRM事務局（本部職能部門の本部リスクマネジャー、及びその部下の社員）

　（ハ）　（国内）各事業部リスクマネジャー（単又は複数）

　（ニ）　各事業部傘下の海外事業場（海外子会社、合弁事業会社）の海
　　　　外事業場リスクマネジャー（単又は複数）

　各事業場責任者によって指名され、CREOが承認した事業部リスクマネジャー、海外事業場リスクマネジャー、本部職能部門長が指名しCREOが承認した本部リスクマネジャーは、全員、リスクマネジャー名簿に登録されております。名簿は、佐藤社長、山下副社長（CREO）にメールで配信しております。

　事業場責任者による承認を条件に、本部リスクマネジャー並びに事業場リスクマネジャーは、事業場責任者をリーダー、本部並びに事業場リスクマネジャーを副リーダーとする、事業場GRM体制を構築し運営してもらうことになっております。

　リスクマネジャーは、事業場GRM体制の副リーダーとして、リーダーを補佐し、リーダーと協働で、リスクの発見を始め、その後のマネジメントを行います。

　マネジメントの過程で、発見されたリスクの処理を所属事業場単独で行うのではなく、本部GRM体制チームの協力を得て行うべしと判断したときには、その旨をCROMに連絡することになっています。

　通常、リスクのマネジメント状況に関しては、3カ月に一度、本部の各職能部門と国内事業部作成の「GRMレポート概要」が、CREOとCROMに対し、特定のパスワードのもとメール配信されます。GRMスタートから6カ月経過しましたが、事業場におけるGRM活動は、レポートを読む限りでは順調であることが分かります。

　また、レポートの内容を読む限り、GRMの進捗に差があることが理解できます。車載用デバイス事業部は、事業とGRMの一体化が進んでおります。事業計画書には、リスクの内容が分かりやすく記載されております。この計画書をベースに、月次の事業達成度合いを判断しているようです。CROMの私にも、取扱注意の表示のもと配信されています。レポートには、本部に対する協力依頼事項も記載されて

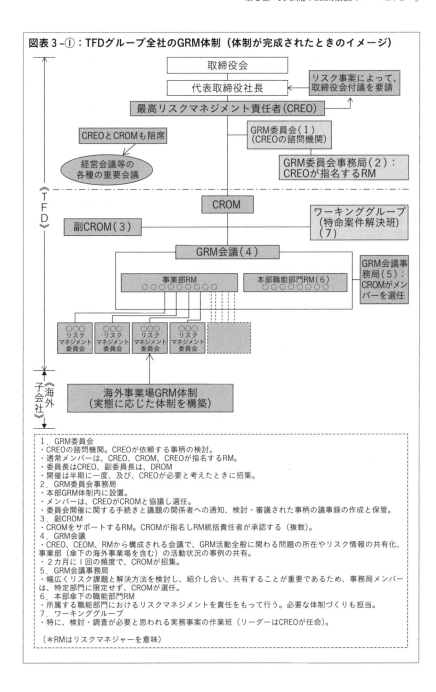

図表3-①：TFDグループ全社のGRM体制（体制が完成されたときのイメージ）

取締役会

代表取締役社長

リスク事案によって、取締役会付議を要請

最高リスクマネジメント責任者（CREO）

GRM委員会（1）
（CREOの諮問機関）

GRM委員会事務局（2）：
CREOが指名するRM

CREOとCROMも陪席

経営会議等の
各種の重要会議

《TFD》

CROM

ワーキンググループ
（特命案件解決班）
（7）

副CROM（3）

GRM会議（4）

事業部RM

本部職能部門RM（6）

GRM会議事
務局（5）：
CROMがメン
バーを選任

リスク
マネジメント
委員会

リスク
マネジメント
委員会

リスク
マネジメント
委員会

リスク
マネジメント
委員会

《子会社》《海外》

海外事業場GRM体制
（実態に応じた体制を構築）

1．GRM委員会
・CREOの諮問機関。CREOが依頼する事柄の検討。
・通常メンバーは、CREO、CROM、CREOが指名するRM。
・委員長はCREO、副委員長は、DROM
・開催は半期に一度、及び、CREOが必要と考えたときに招集。
2．GRM委員会事務局
・本部GRM体制内に設置。
・メンバーは、CREOがCROMと協議し選任。
・委員会開催に関する手続きと議題の関係者への通知、検討・審議された事柄の議事録の作成と保管。
3．副CROM
・CROMをサポートするRM。CROMが指名しRM統括責任者が承認する（複数）。
4．GRM会議
・CREO、CEOM、RMから構成される会議で、GRM活動全般に関わる問題の所在やリスク情報の共有化、事業部（傘下の海外事業場を含む）の活動状況の事例の共有。
・2カ月に1回の頻度で、CROMが招集。
5．GRM会議事務局
・幅広くリスク課題と解決方法を検討し、紹介し合い、共有することが重要であるため、事務局メンバーは、特定部門に限定せず、CROMが選任。
6．本部傘下の職能部門RM
・所属する職能部門におけるリスクマネジメントを責任をもって行う。必要な体制づくりも担当。
7．ワーキンググループ
・特に、検討・調査が必要と思われる実務案件の作業班（リーダーはCREOが任命）。

（＊RMはリスクマネジャーを意味）

います。

　次回の国内GRM会議では、車載用デバイス事業部のリスクマネジャーから、事例発表をしてもらうことを考えております。他の事業部への刺激となり、参考にもなると思います。その他、レポートには、少し先の、本部GRM体制による、通称、「出前研修セミナー講義」の依頼が記載したものもあります。

実務に長けたグローバル法律事務所の選択が必要！

伊藤　TFDグループ全社のGRM体制は、リスクマネジャー網を活動のベースとし、事業場で洗い出されたリスクを、基本的に、親元事業部の責任において自主的にマネジメントする仕組みを目指しております。その基本を守りながら、本部GRM体制が、事業部からの依頼、若しくは本部独自の判断により、事業場のGRMに関わっております。

　しかし、GRMがグローバルな事業活動に対し、常時、最適なサポートを提供し続けるためには、事業部、事業部傘下の海外事業場、並びに本部から選ばれたリスクマネジャー全員の能力開発とその質の向上を図り続けることが必要です。

　リスクマネジャーの能力開発だけではなく、協働を通じてのリスク案件の対応と処理、さらに幅広いグローバルなリスク情報の提供という観点からも、社外の法律事務所を整備し、ネットワーク化していくことが避けられないと考えております。私見では、社外法律事務所の活用は、GRMのマネジメント効率を上げるためには有効だと思います。

2種類の法律事務所とは？

伊藤　TFDが必要としているのは、以下の2種類の法律事務所です。

　　（ⅰ）TFDグループによるグローバルな事業経営の過程で発生する

　　　各種の事業リスクを、TFDのGRM体制チームとの協働を通じて最善の形で解決してくれる法律事務所（「GRM対応法律事務所」）

(ⅱ)　各国・各地域におけるTFDグループ企業の日常業務から派生するリスクを、当該グループ企業との協働を通じて最善の形で解決してくれる法律事務所（「ローカルリスク対応法律事務所」）

GRM対応法律事務所に求められるさらなる役割とは？

伊藤　今申し上げた(ⅰ)記載の項目に加え、以下の2つの役割が期待されます

　　(ⅰ)-㋑　GRMモニタリングに関する指導と協力

　　(ⅰ)-㋺　GRM体制の充実と強化のため、定期・不定期を問わず、持続的な助言や提案の提供

　以上のような2つの役割を果たすことができるGRM対応法律事務所というのは、世界中に相当沢山あると予想しています。しかし、その中から、TFDグループにとって、本当に役に立つ事務所であるかどうかということになると、候補事務所はかなり限定されるのではないでしょうか。

　単に、有能な事務所というだけでは、TFDにマッチするGRM対応法律事務所にはなり得ないと考えます。私の考えでは、TFDと協働が可能な事務所というのは、事務所のトップパートナー弁護士とTFDグループ担当のパートナー弁護士が持つ専門能力、人物・人格、相性等の3点をクリアしたものでなければならないと考えています。3点は、私の実務経験から割り出されものに過ぎませんが、非常に大事なポイントであると考えます。例えば、相性というものも、具体的には説明し難いものですが、誰もが考慮ポイントして重視するのではないでしょうか。

　また、GRM対応法律事務所は、世界の主要国、主要都市に、彼らの分室的な事務所や業務提携関係にある他の法律事務所があるということも大事な要素でしょう。

どの事務所を選ぶのが妥当なのか？

伊藤 今、いずれかの法律事務所をGRM対応法律事務所として選ばねばならないとすれば、私は、ニューヨークを拠点とする●●●法律事務所を指名します。もしも、複数選ばねばならないとすれば、欧州を拠点として活動しているXXX法律事務所を指名します。ともに、TFグループ各社のために数多くの国際契約案件と訴訟案件、並びに日米・日欧通称摩擦の解決に貢献してくれました。また、いずれも、拠点事務所以外に、世界の主要都市にも出先の法律事務所を開設しています。多くの国や地域におけるグローバル案件の対応も可能だということです。

　社長もご存じのように、私は、TFUSA時代に●●●法律事務所と一緒に仕事をしましたが、不満を感じたことはありません。欧州案件では、XXX事務所を複数回使いましたが、結果には満足でした。

　実は、本社も、予定されるTFグループのGRM構想の中で、GRM対応のための法律事務所を米、欧州、中国でそれぞれ選ぼうと考えているとのことです。正式に選択されるまでは、米国では●●●法律事務所が、本社GRM対応法律事務所となるようです。本社法務の藤田部長からは、一緒にやりませんかといわれています。この件、TF本社と歩調を合わせながら協働で行うのはメリットが多いと考えていますが、社長はいかがお考えでしょうか。

サポート部隊に対する応援部隊は、本社とタッグを組む方向で！

佐藤 本社は、TFグループ事業全てのスタッフ、TFD本部はTFD事業部のスタッフ、TFDはTF株式会社のグループ企業。スタッフは事業を助けるのが役割です。スタッフ間で違いがあっても構わないけれども、どのスタッフも、共有できる部分があれば共有した方が良いのではな

いでしょうか。そうした方がパワーアップするはずです。法律事務所
も、広範な見方をすれば、TFグループの社外スタッフですよ。この
件、本社と協働で進めて下さい。

それから、TFDのGRM対応法律事務所には、モニタリングにも協
力を仰ぎたいということでしたが、今の報告で意味が分かりました。
僕も、TFUSA時代に伊藤部長を通じて●●●法律事務所のトップ
パートナー弁護士とTFグループ担当のパートナー弁護士の紹介を受
けました。その後、何度か具体的な事案で協力いただきました。僕は
法務や契約、リスク等の分野での素人ですが、あの事務所とTFグ
ループの相性は、確かに、合うと思います。伊藤部長の判断基準に賛
成します。

ローカルリスク対応法律事務所の整備を試みる！

伊藤　一方、ローカル対応法律事務所の整理と整備ですが、現時点で、各海
外事業場が協力を仰いでいる現地の法律事務所は、そのまま協力を仰
ぐということにしておきたいと思います。但し、車載用デバイス事業
部が欧州クライアントと結んだ契約のように、取引の相手先が、米、
欧、中国の企業という場合には、特段の理由がない限り、GRM対応
法律事務所とTFDとの協働で案件を処理するという形にしたいと考
えています。

社外の法律事務所をGRMの助け人として位置付けた場合のTFDグ
ループ全社のGRM体制を図示しますと図表3-⑪のようになります。
6カ月後の次回3人会の場では、今日ご報告した以上に中身の濃いも
のとなっているよう努力したいと思います。

佐藤　僕もやるべきことを、引き続きやります。

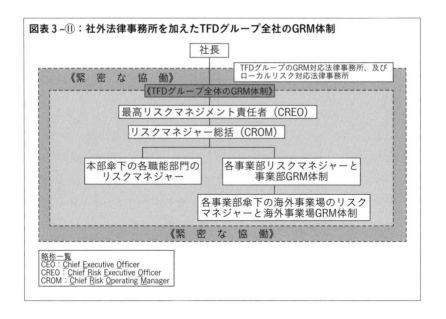

図表 3 –⑪：社外法律事務所を加えたTFDグループ全社のGRM体制

TF本社もTFDのGRMに期待している！

佐藤　最後になりますが、GRM開始前にも触れたことですが、TF本社でも
　　　２度、執行役員会でGRMについての現状報告をしました。皆さん、
　　　興味津津といった感じです。特に、GRMの基礎に３つの約束や３つ
　　　の基本的要素、あるいは、３つの毒等、分かりやすいキーワードを設
　　　けている点、評価されています。TF本社も、次の事業年度からTFグ
　　　ループ全社のGRMをスタートさせたいとのことです。

　　　　お二人は既にご存じですが、本社戦略計画部の中に、プロジェクト
　　　チームが設けられています。チームリーダーは、戦略計画部長であ
　　　り、副リーダーの一人は法務部長です。役員会の後、彼らと立ち話を
　　　しました。山下副社長、伊藤部長には、何かとお世話になっていると
　　　言っていました。

あとがき

　グローバル・リスクマネジメント（「GRM」）の基本の考え方とその運用のあり方について、仮想企業としてTFデバイス株式会社（「TFD」）を舞台に紹介して参りました。

　仮想舞台上の出来事は、GRM開始から約半年程度で終了しており、何かしら物足りないとお感じになった読者の方々もおられることでしょう。しかし、物語は終わった訳ではありません。今でも、TFDのGRM活動は継続中です。TFDの経営が終わらない限り、TFDのGRMは終わらないのです。筆者は、現実のTFDは皆様方の会社であると考えております。仮想舞台は終わったようにみえますが、現実社会におけるGRMは現在進行中なのです。

　GRMについての基本の考え方の本質的な部分は、上記6カ月の出来事の中で明らかにされていると思います。GRMの磁石である「3つの約束」も仮想舞台の中で何度も出ております。後は、皆様の会社が、本書が示すGRMの基本の姿を参考にされ、皆様一人ひとりの思いと御社の歴史や伝統、体質等から産み出された"個性"や"持ち味"を活かしながら、御社固有のGRMを設計され、実践に着手されればよい。そのように考えます。大事なのは、個性や持ち味を十分に活かしての、着実な前進というところにあると思います。仮想舞台であるTFDのGRMは、親会社のTF株式会社の伝統であり経営の基本方針である「自主責任経営」の考え方を活かしながら実践されています。「自主責任経営」の根底にあるのは、TFD自らが培ってきた"個性"や"持ち味"です。著者の現役時代、「経営学は教えることができるが、経営は教えることができない。自得以外に方法はない。」という趣旨の話をよく耳にしました。本書で紹介しましたグローバルなリスクマネジメントも同じです。本書第2章において、TFDの佐藤社長が伊藤部長に向かって、「最初から完全なGRMを考える必要はない。」と言っている件があります。事業は生き物、リスクも生き物、事業環境も生き物である以上、基本的な考えが定まれば、その考えをいち早く実践に移し、実践の過程で学習した改

善・改良を積み上げていく。そのような繰り返しの中で、現役時代のGRMに関与し続けました。そうした要請をベースに、伊藤部長はGRMを構想し、実践に着手したのです。

本書ゲラ刷りの最終チェックが終わりに近づいた頃、新型コロナウィルスの感染拡大が、国内外の各種完成品メーカー（例えば、自動車、電気・電子機器、IT、航空機等のメーカー）が築きあげてきた所要部品のサプライチェーン（供給網）に、現実的な悪影響を及ぼし始めたとのニュースを頻繁に目にし、耳にするようになりました。グローバルなサプライチェーンの分断は、我が国のメーカーだけではなく世界のどのメーカーにとっても、各社の国際競争力を大きく損なうことは間違いなく、その影響いかんによっては該当事業の停止、更には廃業に至る可能性も無視できないと評論されています。サプライチェーンの分断とその見直しは、特定の地域に限定されることなく、全世界的視野での見直しが必要とされるものであり、事業継続の可・不可に深く関係する極めて重大な事業リスクであろうと考えます。

突然降ってわいたように思われる今回のコロナ感染症リスクですが、本書が仮想舞台で紹介したTFDのGRMは、このリスクを適切にマネジメントし、現実的に合理的な解決方法を見出すことができるのでしょうか。つまり、TFDのGRMは事業経営に有用なものとして機能するのでしょうか。この問いに対する筆者の解答は、少々時間は掛かりそうですが、「イエス」です。新型コロナウィルスの発生だけではなく、その他の感染症や未知の疾病が発生し、事業に大きな影響を与えると判断される場合、当該国・地域に設立されている海外事業場（の責任者やリスクマネジャー）から、あるいは、海外事業場がリスク案件処理のために協力を仰いでいる現地の法律事務所から、あるいは、TFDの親会社であるTF株式会社や顧問の海外法律事務所から、関連するリスク情報の提供があるのは間違いないと思います（現役時代の2002年11月、中国広東省で発生したとされる重症急性呼吸器症候群（SARS）のケースでは、可及的速やかに、関連のリスク情報を海外事業場から受け取り、本件リスクマネジメントに有益なものとなったことを覚えております）。

非情に激しく変動している現代の経営環境のもと、自社の個性や持ち味を活かしながら、事業に関わる各種リスクのマネジメントに着手したいと思っておられる方々は多くおられると思います。本書が、そういった方々に対し何らかのご参考になれば、本当にうれしく思います。

　本書の出版が実現しましたのは、定年退職の少し前、2006年4月に第一法規株式会社関西支社営業部長（当時）であった田中英弥氏（現在、同社代表取締役社長）との偶発的な出会いがあったからです。その後、年に数回の上京時にはご挨拶と称して社長室にお邪魔し、同氏の貴重なお時間を割いていただいております。また、本書の企画から校正に至るまで、同社出版編集局のベテラン社員で古き知己である井原一道氏のご熱心なご助言とご指導を頂戴いたしました。お二人に対しまして、この場をお借りし、心から深謝申し上げます。

神戸市須磨区にある離宮公園から須磨浦の海を眺めつつ

著者記す

≪著者略歴≫

1970年3月神戸大学経営学部卒業、同年4月松下電器産業株式会社（現パナソニック株式会社）入社。2007年8月定年退職。退職までの間、本社法務部門、アメリカ松下電器株式会社、松下通信工業株式会社、松下電子部品株式会社において、法務、契約、グローバルなリスクマネジメント・コンプライアンスの構想立案と推進、日米通商・貿易摩擦の解決、米国でのロビー活動、国際合弁、技術提携、M＆A等の各種契約案件の交渉・締結、海外合弁会社のIPO、各種トラブル事案の和解等に幅広く関与。

1998年から2007年まで、（社）電子情報技術産業協会（略称 JEITA）電子部品部会リスクマネジメント専門委員会 主査・幹事。退職後、第一法規（株）アドバイザー、（株）エクセルインターナショナル顧問、グリー株式会社特別顧問、GCA株式会社顧問等を歴任。

また、立命館大学法学部及び大学院法学研究科非常勤講師、桃山学院大学大学院経営学研究科日中連携ビジネス・コース非常勤講師の傍ら、社団法人や企業において多くの講演を行う。公認コンプライアンス・オフィサー（コンプライアンス・オフィサー認定機構）。

◆著書： 『グローバル・リスクマネジメントの時代』（SIC株式会社刊）
◆掲載： 「経営者のための契約リスクマネジメント」（第一法規株式会社刊の月刊誌『会社法務A2Z』に連載）（2008年8月～2009年7月）

サービス・インフォメーション

───── 通話無料 ─────

① 商品に関するご照会・お申込みのご依頼
　　　TEL 0120 (203) 694／FAX 0120 (302) 640
② ご住所・ご名義等各種変更のご連絡
　　　TEL 0120 (203) 696／FAX 0120 (202) 974
③ 請求・お支払いに関するご照会・ご要望
　　　TEL 0120 (203) 695／FAX 0120 (202) 973

● フリーダイヤル（TEL）の受付時間は、土・日・祝日を除く 9：00～17：30です。
● FAXは24時間受け付けておりますので、あわせてご利用ください。

企業は社会の公器　グローバル・リスクマネジメントの本質
～ステークホルダーとの「3つの約束」がビジネスを支える～

2020年6月25日　初版発行

著　　者　　藤　猪　正　敏

発 行 者　　田　中　英　弥

発 行 所　　第一法規株式会社
　　　　　　〒107-8560　東京都港区南青山2-11-17
　　　　　　ホームページ　https://www.daiichihoki.co.jp/

装　　丁　　篠　　隆　二

協　　力　　伊　藤　　歩

企業グローバル　ISBN978-4-474-06961-9　C2034 (7)